한국전쟁 사진의 역사사회학

서울대학교통일학연구총서 30

한국전쟁 사진의 역사사회학

미군 사진부대의 활동을 중심으로

초판 1쇄 발행 2016년 5월 30일
초판 4쇄 발행 2019년 6월 14일

지은이 정근식 · 강성현
펴낸이 오세정
펴낸곳 서울대학교출판문화원

출판등록 제15-3호

주소 08826 서울 관악구 관악로 1
대표전화 02-880-5252 | 팩스 02-889-0785
도서 주문 02-889-4424, 02-880-7995
이메일 snubook@snu.ac.kr
홈페이지 www.snupress.com

ISBN 978-89-521-1813-4 94330
978-89-521-1029-9 (세트)

이 저서의 일부는 2007년 정부(교육과학기술부)의 재원으로 한국연구재단의 지원을 받아 연구되었음(NRF-2007-361-AM0005)

서울대학교통일학연구총서 30

한국전쟁 사진의 역사사회학

미군 사진부대의 활동을 중심으로

정근식 · 강성현 지음

서울대학교출판문화원

Historical Sociology of Korean War Photography

Focusing on the Activities of US Army Signal Corps Photo Unit

Jung Keun Sik
Kang Sung Hyun

Seoul National University Press

서울대학교통일학연구총서를 내면서

서울대학교가 민족의 숙원인 통일을 위한 연구를 본격적으로 시작한 지 3년이 되었고, 통일평화연구원이 설립된 지 10년이 지났다. 그동안 많은 연구와 교육이 이루어졌고, 국제적인 교류와 협력을 통하여 연구원의 제도적 기반을 마련했지만 통일과 사회적 통합, 그리고 평화와 공동체적 안보를 확충하는 데 얼마나 기여했는가라는 질문은 항상 우리를 일깨우고 정진하도록 자극한다.

통일과 평화는 종합적 지식과 통찰력을 요구하는 학문적 화두일 뿐 아니라 많은 토론과 지혜를 필요로 하는 실천적 의제이기도 하다. 통일학연구총서는 이런 요구에 응답하려는 치열한 노력의 산물이라고 할 수 있다. 따라서 이 연구총서는 역사와 문화뿐 아니라 정치와 경제, 환경과 과학기술 등 모든 영역을 포괄하면서 보다 종합적이고 체계적인 지혜를 모으기 위한 개방적 토론의 장이 되는 것을 지향한다.

그동안 통일에 대한 학문적 연구의 필요성을 절감하고 연구소 설립과 연구진흥을 위해 적극적으로 도와주신 정운찬 전 총장님, 평화연구의 필요성을 일깨워 주신 이장무 전 총장님, 통일평화연구원으로의 발전을 위해 애써 주신 오연천 전 총장님, 그리고 학내 통일기반연구의 확충을 위해 애써 주시는 성낙인 총장님께 감사드린다.

분단의 고통과 통일을 향한 희망, 세계와 소통하려는 의지와 이론적 상상력이 이 연구총서들과 함께하기를 소망한다.

2016년 5월

서울대학교 통일평화연구원

머리말

사진은 역사와 사회에 관한 우리의 관념적 지식을 시각적으로 보여 주는 문화적 텍스트다. 사진은 늘 어떤 사회적 사실의 진정성을 보증하는 근거이자 과거의 기억을 생생하게 만들어 주지만, 동시에 특정한 시각에서 그것을 바라보도록 강제하는 이미지기도 하다. 한국전쟁에 대한 우리의 기억도 마찬가지다. 오늘날 우리 사회에서 한국전쟁은 65년이 지난 과거지만 여전히 현재를 만들어 가는 힘을 재생산하는 기억의 원천이다. 그 중심에 전쟁사진들이 자리 잡고 있다.

이 책은 우리의 기억 속에 자리 잡은 한국전쟁 사진들에 대한 역사사회학적 탐구다. 그 대부분은 한국전쟁에 참전했던 미군 사진부대의 사진병들이 찍은 것이다. 물론 한국의 정훈국 사진대나 민간 사진사들이 찍은 것도 있지만 비중으로 보면 극히 미미하다.

한국전쟁 사진들을 역사사회학적으로 검토해 보려는 구상은 2009년 7월 동북아역사재단이 주최한 일본의 전쟁기억에 관한 심포지엄에서 비롯되었다. 이 심포지엄이 일본의 가고시마에서 열린 것에서 알 수 있듯이, 전쟁의 기억을 어떻게 평화에 대한 희망으로 바꿀 것인가는 국내뿐만 아니라 국제적인 숙제였다. 이 심포지엄에서 나는 "한국의 전쟁기억과 기념-진실과 화해의 가능성과 한계"라는 제목으로 사진과 사진집, 그리고 전쟁기념관을 연속적으로 꿰뚫고 있는 과거와 현재 사이에 놓인 간극에 주목할 필요가 있다는 점을 언급하였다.

이 무렵에 나는 우리의 전쟁기억이 우리가 흔히 접하는 사진들에 의해 재구성되고 있다는 생각과 함께 이 사진들을 누가 어떻게 찍은 것인가를 좀 더 명확하게 알 필요가 있다는 생각을 하고 있었다. 이런 생각은 2005년 눈빛출판사에서 출판한 중국인민지원군의 사진집이 준 충격에서 비롯된 것이다. 이 사진집에 실린 사진들은 우리가 늘 보아왔던 사진들과는 다른 시각과 다른 내용이 있었고, 한국전쟁에 대한 이미지를 보다 종합적인 시각에서 재구성할 것을 요구하고 있었다.

'6 · 25 전쟁' 발발 60주년이던 2010년을 보내면서 나는 지금까지 출판된 한국전쟁 사진집을 일별하고, 이어 한국이나 중국의 전쟁기념관들에서 이 사진들이 어떻게 사용되고 있는가를 검토할 기회를 가졌다. 이러던 차에 강성현 박사가 미국 국립문서기록관리청(NARA) 2관에 소장된 사진들을 자세히 검토해 볼 것을 제안했다. 상당한 기간에 걸쳐 이 기관의 자료를 검토한 경험에서 우러나온 제안이었다.

나는 서울대학교 통일평화연구원에서 제공하는 연구비 지원에 힘입어 강성현 박사와 함께 메릴랜드 컬리지 파크(Maryland College Park)로 가서 이 사진들을 조사, 수집하고, 자세하게 검토할 기회를 가졌다. 이 사진들은 대부분 뒷장에 누가, 언제 찍었는가에 관한 정보와 함께 간단한 설명이 붙어 있어서, 이를 통하여 사진들에 관해 잘못 알려진 사실들을 바로잡고, 한국전쟁기 미군 사진부대의 활동과 사진병사들의 모습을 보다 선명하게 그릴 수 있게 한다. 흥미롭게도 사진병들은 자신이나 다른 사진병의 모습을 담는 데 관심이 많았기 때문에 우리는 이들의 활동모습을 생생하게 그려 볼 수 있다.

한국전쟁의 사진들에 대한 연구는 한편으로는 동영상을 포함하여 사진의 생산뿐만 아니라 소비의 맥락을 포함해야 하고, 다른 한편으로는 미국이나 한국뿐만 아니라 중국과 북한의 사진병들이 찍은 사진들까지 포괄해야 비로소 하나의 완성된 매듭을 지을 수 있을 것이다. 전쟁사진은 서로 적대하고 있는 상황에서 만들어진 것이어서 어느 한쪽의 시각만을 보여 주기 때문에 '우리'가 보지 못한 것들을 '그들'이 보았던 것으로 보완해야만 전체의 모습이 나타난다.

오늘날 탈냉전이 많이 진행되었음에도, 중국의 군사박물관이나 당안관에 소장된 사진들에 대한 접근은 여전히 어려우며, 더구나 북한의 전쟁기념관에 소장된 사진들에 대한 연구는 요원하다. 이런 점에서 우리의 연구는 한국전쟁 사진에 대한 연구를 그 출발선에 세워 놓은 정도에 지나지 않는다.

이런 아쉬움을 뒤로하면서, 이 연구를 가능하도록 기회를 제공한 서울대학교 통일평화연구원에 감사를 표하고, 또 어려운 상황에서 이 책의 간행을 허락한 서울대학교출판문화원에도 감사를 표한다.

2016년 5월

공동 저자를 대표하여

정근식

차례

제3장 전쟁 초기 미군 사진병의 시각과 시선

제4장 시각화된 구원, 사각화된 파괴 · 학살

제5장 한국전쟁 사진의 집성과 시각의 변화

표차례

그림차례

지도차례

사진차례

제1장

사진과 전쟁기억

1. 주기적으로 되살아나는 전쟁기억의 현재

한국전쟁이 발발한 지 65년이 지났다. 그럼에도 한국전쟁은 빛바랜 기억이 아니라 언제나 생생하게 살아 있는 기억이다. 한국전쟁은 상황에 따라 '잊혀진 전쟁'이 되기도 하고, '생생한 전쟁'이 되기도 한다. 2010년은 한국전쟁 발발 60주년이었고, 또 '천안함 침몰 사건'으로 이 기억이 생생할 뿐만 아니라 '잊어서는 안 될' 기억으로 강조된 바 있다. 2013년에는 한국전쟁 휴전(정전) 60주년을 맞아 미국에서도 오바마 대통령이 참석하는 성대한 기념식을 했을 정도로 한미 양국에서 '언제나 상기해야 하는 전쟁'으로 자리매김한 듯하다. 이제 전쟁기억의 문제는 최근 부상하고 있는 한반도와 동아시아의 새로운 방향을 둘러싼 격렬한 경쟁과 갈등의 중심으로 다시 들어오고 있다. 동아시아 신냉전의 도래라는 전망까지 나오는 상황에서 한국전쟁의 기억은 사회적 보수화와 평화의 갈림길을 나타내는 중요한 지표이자 매체가 되고 있다.

한국전쟁에 대한 기억 문제는 북한이나 중국, 일본을 아우르는 동아시아의 공통된 문제기도 하다. 한국전쟁의 상흔은 한반도뿐만 아니라 이 전쟁에 참전했던 국가들, 더 나아가 세계 곳곳에 남아 있다. 동아시아 국가

간 협력이 사회문화적 · 경제적 차원에서의 협력을 넘어서 정치군사적 문제를 다루는 단계로 진입할 경우, 한국전쟁의 기억 문제는 '목에 걸린 가시'로 기능할 가능성이 크다.

전쟁이 끝나면 평화가 온다고 생각하지만, 동아시아에서 '전후체제'는 그렇게 단순하지 않았다. 제2차 세계대전 종전 후의 유럽 평화와 달리 주변부인 동아시아에서는 중국 내전과 한국전쟁으로 점철되었고, 그 이후에도 '전쟁도 평화도 아닌' 상태가 오랫동안 지속되었다. 치열한 심리전과 문화냉전뿐만 아니라 양안(兩岸) 간 포격전이나 남북한 간 유격전, 납치, 테러가 지속되었다. 탈식민과 국가 형성, 전쟁이 중첩되는 동아시아적 이행기를 거쳐 형성된 것이 남한-북한 및 중국-대만이라는 두 쌍의 분단국가, 그리고 미군의 오키나와 점령을 핵심으로 하는 '동아시아 분단체제'다. 이 동아시아의 냉전 · 분단체제는 미중회담(1971), 중일수교(1972), 오키나와의 일본 복귀(1972), 미중수교(1979)로 1차 해체를 겪고, 한러수교(1990), 한중수교(1992)로 2차 해체 국면으로 나아갔다. 그러나 여전히 북미 간, 북일 간 갈등관계는 지속되고 있고, 남북한 간 평화도 두 차례의 정상회담에도 불구하고 요원해 보인다. 동아시아 냉전 · 분단체제는 오늘날에도 여전히 무시하지 못할 힘을 발휘하고 있다. 이 체제의 해체가 이렇게 지연되는 데에는 좁게는 한국전쟁의 기억, 넓게는 1945~1960년의 기억, 이른바 한국의 국가-전쟁 형성 시기의 기억이 자리하고 있다.

동아시아의 한국전쟁 기억은 교전 당사자로서의 적대와 동맹의 경험과 전쟁 당시 국가주의적 관점들, 그리고 전쟁 이후 지속된 상호 경쟁과 대립의 관점들에 의해 재생산되었다. 영토문제만큼이나 민감한 적대적 전쟁기억을 넘어서 이를 어떻게 미래를 향한 상호 소통과 이해의 관점들로 바꾸어 낼 수 있을까? 동아시아의 평화와 공동 번영을 위한 미래적 관점은 국민국가적 차원에서 상호 이해뿐만 아니라 시민적 차원에서의 상호 소통을 확장함으로써 가능하지만, 그 구체적인 방안을 마련하기란 그렇게 간단한 것만은 아니다. 한국전쟁에 대한 기억의 실태를 정확히 인식하고, 과거 기억들을 재생산하거나 재구성하는 사회적 장치들에 대한 심도 있는 분석이 이루어질 때, 비로소 이에 대한 응답이 가능해질 것이다.

전쟁기억은 사회제도나 일상생활 속에서 작동하는 각종 문자매체나 시각매체 또는 물질적 재현을 통해 이루어진다. 문학, 사진, 영화, 기념물, 기념관, 기념의례 등은 과거의 기억을 재생산하는 핵심적 장치들이다. 기억의 원초적 매체가 전쟁사진과 기록영상이라면, 이를 활용한 각종 기념물이나 영화는 이차적 매체들이라 할 수 있다. 전쟁사진과 기록영상은 '있는 그대로'를 보여 주는 것으로 인식되기 때문에 기억의 진정성이라는 측면에서 다른 재현 매체보다 우월한 위치를 갖는 것처럼 보인다. 그러나 전쟁사진이나 기록영상은 이를 찍고 편집한 주체의 목적이나 의도에 따라 그 효과가 크게 달라질 수 있다.

이 책에서는 한국전쟁의 기억이 어떻게 구성되었고, 어떻게 변화되었으며, 국내외적 정치 환경이 그에 미치는 영향을 검토하기 위하여 한국전쟁의 스틸사진과 사진집을 살펴볼 것이다.

2. 전쟁사진과 기억의 정치

전쟁기억과 기념에 관한 접근에는 크게 두 가지 시각이 있다. 하나는 그것을 국가정체성 아래에 대중들을 하나로 묶어 내는 문화정치로 해석하는 틀이고, 다른 하나는 전쟁이 야기한 죽음과 고통에 대한 애도의 표현으로 해석하는 틀이다. 전자는 홉스봄(E. Hobsbawm)이나 앤더슨(B. Anderson)과 같이 주로 국가에 의해 국민적 정체성이 구성되는 측면을 강조한다면, 후자는 윈터(J. Winter)처럼 시민사회에 의해 개인적 슬픔을 공적인 애도로 바꾸는 측면을 강조한다(Winter, 1995).

애슈플랜트(T. G. Ashplant)는 정치와 애도 또는 국가와 시민사회의 이분법적 접근이 갖는 문제점을 지적하고, 양자의 상호 관계성을 강조하였다(Ashplant et al., 2000). 이를 위한 한 가지 방법은 공적 재현과 사적 기억의 관계를 주목하는 것이다. 원래 국가에 의한 기억의 정치는 위로부터의 사회적 설계에 주목하는 것으로, 이에 따르면 전쟁기억에 관한 연구는 공적 편성과 구체화, 개인적 · 집합적 경험의 포섭과 배제를 주목한다. 그러나 전쟁기억은 이런 측면뿐만 아니라 전쟁의 참상을 보여 줌으로써 평화를 지향하는 방식으로 작동하기도 한다.

동일한 전쟁의 기억으로부터 어떻게 상반된 교육효과가 발생하는 것인가에 관해서는 분명한 논의가 없다. 전시된 전쟁을 자신의 경험으로 받아들이고 국가가 필요로 한다면, 또는 국가를 위해서 기꺼이 전쟁에 나설 것인가, 아니면 전쟁이 빚어내는 재앙과 참상을 상기하면서 평화지향적 인간이 될 것인가를 가늠하는 요인들이 무엇인가는 여전히 모호하지만, 전쟁기억이 사회적인 맥락에 따라 다르게 해석될 수 있다는 것은 분명하다.

전쟁기억의 사회적 효과는 일차적으로 지식을 교환하고 공유하는 매체에 달려 있다. 전쟁기억의 정치에서 전쟁사진이 차지하는 위상은 매우 크고 독특한 것이다. 사진은 그것이 가진 특성, 즉 실제로 과거에 어떤 일이 있었는가를 보여 줌으로써 사회적 기억의 형성이나 재구성에서 매우 중요한 위치를 차지한다. 기억과 매체 간의 관계는 외재화(externalization)와 흔적(trace)이라는 두 가지 방식으로 바라볼 수 있다(Ruchatz, 2008: 367). 외재화는 매체를 통해 사실에 충실하게 기록된 기억의 측면을 지칭한다. 우리는 사진을 통해 그 사진을 찍었을 당시의 상황을 뚜렷하게 기억할 수 있다. 또한 사진은 과거의 흔적이다. 사진이 과거의 재현이 아니라 과거의 산물로 여겨질 때, 사진은 기억 그 자체가 아니라 기억을 돕는 회상매체의 기능을 한다. 사진은 어떤 매체보다도 시각적으로 대상을 직접 보여 줌으로써 사진에 담긴 장면이 곧 진실이라고 믿도록 하는 힘이 강하다.

그러나 사진은 언제나 있는 그대로의 현실을 보여 주는 것은 아니다. 사진은 항상 특정 시각에서 바라본 것만 보여 줄 뿐 아니라, 전체 현실 중에서 특정 부분만 선택하여 보여 주는 것이다. 이런 점에서 사진은 현실을 보여 주면서 동시에 다른 현실은 보여 주지 않으려는 특성이 있으며, 그만큼 기억을 변형시키는 효과가 있다. 특히 기억 보조용으로서의 사적 사진과 달리 공적 사진들은 즉각적인 소비를 위해 생산되며 기억의 집합적 사회화에 활용된다. 전쟁사진들 대부분은 이런 공적 사진에 가깝다.

루카츠(J. Ruchatz)는 공적 사진 중에서 일부가 집합기억으로 변화하는 과정에 대해 흥미로운 설명을 하였다. 이런 사진들은 도상(icon)이라고 하는데, 이는 많은 사람에게 관심의 대상이 되고 강한 감정적 반응을 일으킨다는 의미 이상의 상징성을 획득한다는 것이다. 그에 따르면, 어떤 사진이 상징성을 획득하는 데에는 세 가지 조건이 있다고 본다. 첫째로 그 사진이 지배적인 양식의 외재화로 인식되어야 하고, 둘째로 구체적인 맥락에 종속되어서는 안 되며, 셋째로 계속 인용되어야 한다. 즉 특정 사진이 원래의 출처와 분리되어 일반적인 해석을 유도할 수 있을 때, 사회적 의미를 갖는 기호가 된다는 것이다(Ruchatz, 2008: 374-375).

여기서 주목되는 것은 이런 현상과 함께 전쟁사진이 갖는 주체화 효과 또는 정체성 부여의 기능이다. 전쟁사진은 사진을 찍은 주체의 시각이 이를 바라보는 '독자 또는 관객'에게 전달되는 효과가 크다. 전쟁사진은 이를 찍은 주체의 위치가 비교적 분명하며, 동시에 항상 전선(戰線)에 의해 제약되므로 시각(視角)과 사각(死角)이 구조적으로 결정되어 있다. 또한 찍은 사진에 대한 관리 유통자의 캡션 달기와 사진 배치 등의 방식에 의해 사진가의 의도와 달리 사진의 의미가 크게 달라지기도 한다. 그럼에도 일상적으로 이런 한계는 감추어지거나 간과되기 쉽다. 전쟁사진은 많은 경우 보도사진으로 활용되므로, 사진가의 '시각'은 '우리의 시각'으로 발전하며, 사진가의 '사각'은 '그들의 시각'으로 발전하여 전쟁을 바라보는 2개의 대립된 기억으로 나아가는 경향이 있다. 다른 한편으로 전쟁사진은 많은 경우 심리전의 수단으로도 활용되므로 종종 의도적으로 조작되기도 한다. 사진의 조작은 의도적으로 연출하기 또는 원래의 사진에 포함된 인물이나 배경의 일부를 지우기, 다른 사진을 합성하기 등을 통해 이루어진다.

사진은 보통 낱장으로 존재하는 것이 아니라 다른 사진들과 더불어 연속적으로 배치되면서 특정의 정치적 메시지를 생산한다. 전쟁을 수행하는 집단이나 국가는 자신의 입장을 담고 있는 사진들을 동시에 연속적으로 대중에게 제시하여 특정 정치적 입장을 효과적으로 내면화하도록 유도한다. 이를 통해 국가는 자신의 지배영역에 포획된 사람들의 모호한 기억들을 좀 더 선명하게 하고 이질적 기억들을 동질화시키며 자발적으로 국가와 자신의 운명을 일치시키는 '국민'을 만들어 낸다. 전쟁 관련 특별 사진전이 자주 개최되고 전쟁사진집이 자주 출판되는 것도 연속적으로 배치된 사진들이 갖는 국민 형성 효과가 상당하다는 것을 반증한다.

3. 한국전쟁 사진과 전쟁사진가

전쟁사진 연구에서 한국전쟁 사진이 차지하는 위치는 매우 특별하다. 생산된 사진의 규모, 전쟁 이미지의 재현 방식, 전쟁사진가들의 다양한 주체 위치, 그로 인한 다양한 시각적 특성 등의 차원에서 볼 때 그렇다. 그럼에도 한국전쟁 사진에 대한 연구는 상대적으로 저조하다. 국내에서는 2000년대 들어 사진학, 언론정보학, 미술학에서 한국전쟁 사진과 사진가만을 대상으로 본격적인 연구에 들어갔다.

전쟁사진과 그 생산자(군 사진병, 민간 전쟁사진가)는 포토저널리즘 연구와 사진사에서 매우 중요한 위치를 점하는 주제다. 국내에서는 1993년 백종하가 포토저널리즘의 시각에서 한국전쟁 사진과 외국인 (민간인)종군사진가들을 대상으로 분석했지만, 이 연구는 당시 흐름에서 볼 때 예외적인 것으로 보인다.

사진학에서는 1950년대 '생활주의 리얼리즘'[1]의 시각에서 한국전쟁 사진가와 사진에 대한 연구가 활발해 보인다(박상후, 2000; 지상현, 2005). 사진사에서 1950년대의 독특한 사진 사조와 사단이 점하는 위치를 규명하려는 관심에서 비롯된 것으로 보인다.

언론정보학에서는 김형곤(2006)의 연구가 주목된다. 그는 기억 연구와 시각적 이미지로서의 매체사진 연구 방법을 결합시켜 한국전쟁 사진화보집과 사진전시회를 분석 대상으로 삼았다. 이를 통해 그는 한국전쟁에 대한 공식기억의 변화를 추적하고 있다. 언론정보학 기반에서 나온 연구가 한국전쟁 사진 연구의 주된 시각이었던 포토저널리즘에서 탈피했다는 것이 상당히 아이러니하게 보인다.

미술학에서는 전쟁 이미지의 생산자와 재현 방식의 차이, 그리고 이에 따른 수용과 해석의 차이 등 다양한 분석이 시도되고 있다. 김상미(2010a)는 시각적 이미지로서 한국전쟁이 재현되는 방식을 회화, 사진, 포스터로 구분해 각 매체에 반영되고 있는 전쟁 이미지를 분석하고 있다. 특히 사진과 관련해 전쟁 이미지가 미국, 중국, 한국에서 차별적으로 재현되고 있다는 사실에 주목해 분석하고 있으며, 이를 통해 정훈국 사진대 소속의 한국인 사진가들의 사진사적 위상을 평가하고 있다. 같은 시기에 김윤정(2009)도 한국의 주요 일간지에 실린 전쟁사진들의 시각문화적 특성을 분석하고, 이 사진들의 주요 출처인 정훈국 사진대 소속 한국인 사진가들을 분석하고 있다. 그리고 그들이 생산한 한국전쟁 사진을 한국 최초의 '다큐멘터리 사진'으로 평가하고 있다. 박은영(2009)은 '대동강철교의 피란민' 사진[2]에 대한 분석을 통해 한국전쟁 사진이 미국과 한국에서 어떻게 차별적으로 수용되고 해석되어 왔는지를 검토하고 있다. 특히 한국의 공식기억 속에서 이 사진이 어떻게 수용되고 해석되었는지를 분석하기 위해 이 사진을 게재한 국사, 사회 교과서를 검토한 점과 이 사진을 모티브로 한 회화 작품과의 비

1 생활주의 리얼리즘은 사진에 현실을 반영하고 이전과는 다른 리얼리즘을 추구하는 사진을 말한다. 이에 대해 임응식(1999)은 "사회적 현상의 객관적 묘사와 전후 황폐한 환경과 인간생활을 휴머니티한 눈으로" 보는 것이라고 말한 바 있다.

2 AP통신사의 사진기자로 종군한 데스퍼(M. Desfor)가 찍은 사진이나. 데스퍼는 이 사진으로 퓰리처상을 수상했다.

교를 통해서 역사적 트라우마의 증상을 읽어 내려 한 점 등이 인상적으로 보인다.

정근식(2010a)은 한국전쟁 사진집을 중심으로 한국전쟁의 기억이 어떻게 구성되고 변화했는지를 분석하고 있다. 한국과 미국(유엔군), 중국의 사진집을 통해 '우리'와 '그들'이 본 한국전쟁의 기억과 이것이 국민 형성에 끼치는 효과를 검토하고 있다. 그리고 동아시아의 평화나 공동체적 인식을 강화하기 위해 이 한국전쟁 기억을 성찰하도록 제언하고 있다.

한국전쟁 사진 연구에서 가장 부진한 주제는 그 사진을 찍은 주체와 과정에 관한 것이다. 전쟁사진가들은 크게 세 집단으로 구분할 수 있다.

첫째로 잡지사, 통신사, 신문사 소속 민간인 사진기자들이 있다. 그들 중 일부는 프리랜서 사진가로 한시적인 계약 관계를 맺고 활약했다. 예컨대 한국전쟁에 종군했던 외국인 전쟁사진가들 가운데 덩컨(D. D. Duncan), 버크-화이트(M. Bourke-White), 마이던스(K. Mydans), 워커(H. Walker), 도미니스(J. Dominis), 소추렉(H. Sochurek), 루지에르(M. Rougier) 등은 『라이프(*Life*)』, 하디(B. Hardy)는 『픽처포스트(*Picture Post*)』, 데스퍼(M. Desfor)는 AP통신, 브리스톨(H. Bristol)은 『포춘(*Fortune*)』 소속이었으며, 비쇼프(W. Bischof)는 『라이프』와 매그넘(Magnum)이라는 국제자유보도사진그룹 소속이었다. 그 밖에 AFP, 로이터(Reuter) 등 수많은 민간 전쟁사진가들이 주요 언론사의 일원으로 한국전쟁에 종군했다.

둘째로 군의 사진병과 군속사진가들이 있다. 연합군은 제2차 세계대전을 치르면서 전쟁에 대한 사진 기록의 중요성을 깨닫고 민간의 직업사진가들을 소집하거나 비(非)사진가들을 훈련시켜 '사진병'으로 동원했다. 한국전쟁에서도 미 육군, 해군, 공군 산하 부대에 이런 사진병과의 군인들이 배속되어 활약했지만, 아직 그들의 조직 및 명령 계통에 대해서는 잘 알려지지 않았다.

셋째로 아마추어 사진가들, 즉 사진기를 개인적으로 소유한 다수 민간인들과 군인들이다. 특히 라이카(Leica) 등 휴대용 카메라의 대중적 보급으로 전선의 군인들 역시 현장의 사진을 찍을 수 있었다. 미국 국립문서기록관리청이 소장하고 있는 한국전쟁 사진들 가운데 사진대 소속이 아닌 장교들이 찍은 사진들이 있는 것도 이러한 이유에서다. 이 그룹이 생산한 사진은 개인 소유기 때문에 그 규모를 가늠하기 어렵지만, 한국전쟁 당시에는 앞선 두 그룹이 생산한 사진보다 많지 않을 것으로 보인다.

이 세 집단 가운데 대상이 명확하여 연구가 가능한 집단은 첫 번째와 두 번째 집단이다. 첫 번째 집단은 국내외에서 연구가 일부 이루어지고 있다. 그러나 두 번째 집단은 매우 단편적인 글들이 있을 뿐 아쉽게도 사실상 연구가 거의 없는 실정이다. 최근 강성현 · 정근식(Kang and Jung, 2014)이 한국전쟁 발발 직후 참전해 사진 활동을 했던 미군 사진병 4명의 활동과 사진 속 시각적 특성을 분석한 것은 예외적 연구라 할 수 있다.

〈그림 1-1〉과 같이 군인/민간인 여부와 함께 '우리/그들'의 기준을 함께 적용해 한국전쟁에 참전한 전쟁사진가를 유형화해 볼 수 있다. 여기에서 다시 '우리'를 한국과 미국으로, '그들'을 북한과 중국으로 구분하면 8개의 전쟁사진가 유형으로 세분화시킬 수 있다.

이 책이 주로 다루고 있는 사진들은 한국전쟁에 참전한 미군 사진병, 특히 미 육군 통신대(Signal Corps, 이하 SC) 사진부대의 사진병이 찍은 사진이다.[3] 그래서 우선 기록사진 생산을 위해 조직되어 활동한 사진부대들을 규명할 필요가 있다. 이 사실을 밝히지 못하면 '사진가의 시각' 분석은 사진 이미지에서 재현되는 일면적인 시각 분석에 그칠 뿐이기 때문이다. 그리고 연구를 통해 구성한 당시 이 사진부대의 현황은 〈그림 1-2〉와 같다.

한국전쟁 개전 초기에는 71통신대 A중대 사진대의 사진병들이 사진 활동을 수행했다. 1950년 9월 말 인천상륙작전 이전까지는 거의 전적으로 이 부대 사진병들이 한국전쟁 사진들을 생산한 것으로 보아도 무방하다. 그리고 '서울수복' 이후부터는 167통신사진중대가 활동하기 시작했으며,

3 미군은 육군뿐만 아니라 해군, 공군, 해병대에서 각각 사진부대를 조직, 운영했다.

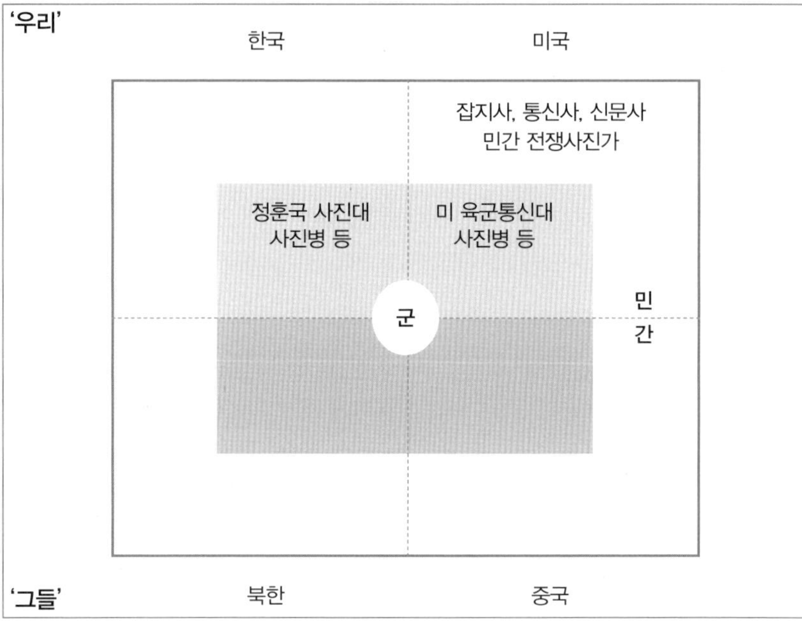

그림 1-1 전쟁사진가의 유형

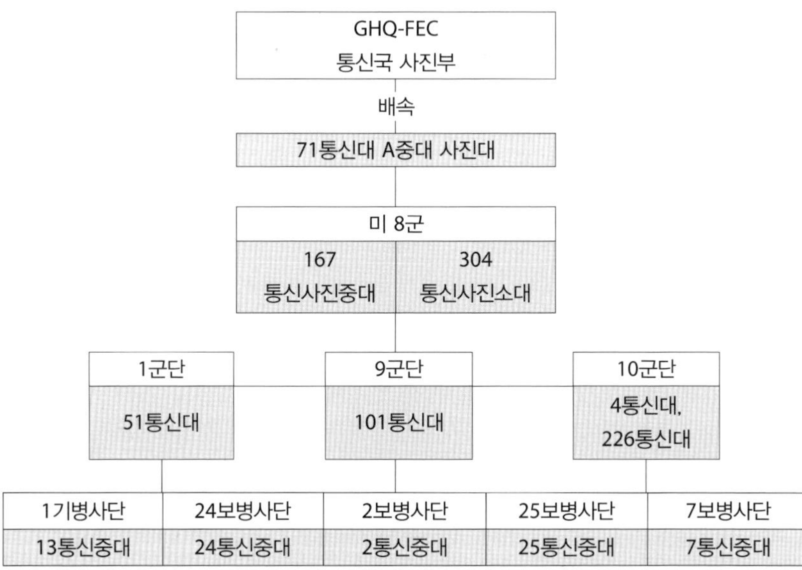

그림 1-2 한국전쟁 참전 미군 사진부대 현황

그 이후에는 군단 및 사단 예속 사진부대들이 속속 조직되어 작전으로서의 사진 활동을 활발하게 수행했다.

이 사진부대와 소속 사진병들이 생산한 사진에 주목해야 할 이유는 다음과 같다. 첫째로 한국전쟁의 이미지를 재현하는 대부분의 사진이 바로 이 사진들이기 때문이다. 다시 말해 이 사진들 속에 재현된 사진병의 시각과 사각에 대한 분석은 궁극적으로 한국전쟁의 기억들에 대한 분석이 될 것이다. 둘째로 이 사진병들이 생산한 한국전쟁 사진 기록과 자료는 엄청나게 방대하다는 점이다. 이 방대함의 진정한 의미는 단지 규모가 크다는 것이 아니라 기존 사진에서 보이는 '서울중심성' 및 '특정 주제 편향성'을 극복하고 있다는 데 있을 것이다. 셋째로, 이 사진들의 피사체가 군에 국한되지 않고 매우 다양하다. 이 사진들은 작전과 같은 전쟁의 전술적 활동뿐만 아니라 한국인들이 경험하고 살아온 삶에 대한 진실을 미국의 '시각'으로 재현하고 있는 가치 있는 사료들이다.

4. 사진 자료의 출처와 연구 방법

미 육군통신대 사진부대들이 생산한 한국전쟁 사진들은 현재 미국 국립문서기록관리청(NARA) 2관의 사진자료실(Still Picture Room) Record Group(이하 RG) 111 Records of the Office of the Chief Signal Officer에 분류되어 있다. 구체적인 목록은 다음과 같다.

RG 111-SC	Signal Corps photographs of American military activity 1900~1981
RG 111-C	Color photographs of the Signal Corps activity 1944~1981

또한 이 사진부대들은 자신의 조직과 활동상을 담은 여러 문서 자료를

생산했다. 그 가운데 주목되는 것이 월간·연간 사령부 보고와 부대 보고, 그리고 일일 보고다. 이 문서 자료들은 부대 조직도, 기능, 주요 활동과 사건, 사고, 부대원 등에 대한 상세한 기록을 담고 있다. 이 문서들은 다음의 RG 시리즈에서 발굴·수집했다.

RG 111　Series: Classified Central Decimal Files, complied 1940~1948
RG 338　Series: Unit Histories, compiled 1943~1967
RG 407　Series: Command Reports, compiled 1949~1954
RG 550　Series: Classified Organizational History Files, compiled 1959~1974

이와 같이 이 책은 미국에서 수집한 방대한 사진 이미지 및 캡션 자료, 문서 자료 등을 바탕으로 사료 실증주의적 분석 방법을 취했다. 또한 문헌 연구 방법을 통해 기존의 기억과 기념 및 이와 관련한 사진 연구, 특히 한국전쟁 사진 연구, 군의 사진(부대)조직 및 활동에 대한 연구, 한국전쟁 시기의 작전·피란·학살·원조 등에 대한 연구 등을 자세하게 검토했다. 이를 바탕으로 미 육군통신대 사진부대의 조직, 임무, 활동을 역사사회학적, 사회사적으로 구성할 것이다.

또한 이 책은 사진부대의 사진병이 생산한 사진의 내용과 시각적 특성을 분석하고 있다. 사진 이미지에 대한 내용분석, 예컨대 의도된 중심 피사체가 무엇인지, 의도된 것은 아니지만 시각화된 피사체는 무엇인지, 각 피사체들이 어떤 행동·작동을 하고 있는지, 의도된 시각을 고려할 때 의도적으로 사각화된 것은 무엇인지, 사진의 (상세) 내용 캡션을 고려할 때 내러티브는 무엇인지 등을 분석할 것이다. 사진병이 생산한 사진에는 사진 이미지와 내용 설명뿐만 아니라 상세한 생산정보, 예컨대 생산일, 공보발간일, 생산기관, 생산자, 생산기관 분류번호 등이 캡션 형태로 달려 있다. 사진 이미지의 내용과 시각적 특성에 대한 분석은 바로 이 생산정보와 결합될 때 시너지를 갖는다. 이러한 정보를 바탕으로 사진의 내용(또는 장면)과 관련된 역사적 사실도 교차분석할 것이다. 더 나아가 기록성과 상징성 차원에서 사회학적으로 분석할 것이다. 이를 통해 사진의 시각적 특성, 즉 촬영 시기, 주체, 의도와 캡션이 의도한 바를 종합적으로 평가해 분석하고, 한국전쟁의 시각과 사각을 드러내고자 한다.

이러한 연구 방법을 적용해 다음의 사진들을 분석해 보자.

〈사진 1-1〉의 주 피사체는 연설 중인 이승만 대통령이다. 그의 뒤쪽에는 김병로 대법원장과 이범석 국무총리 겸 국방부 장관이 앉아 있다. 사진 이미지로만 본다면, 대통령과 국무총리, 대법원장 등 정부 요인들이 참석해 연설하고 있는 공식 기념행사의 한 장면으로 보인다. 이 이미지는 사진병이 기록한 생산정보와 이와 관련한 역사적 자료와 결합될 때 더욱 풍부하게 해석될 수 있다.

〈사진 1-2〉는 앞 사진 이미지의 뒷면으로, 생산정보와 함께 내용 캡션이 있다. 그 내용을 보면 1948년 9월 23일 이승만 대통령이 서울운동장에서 수많은 한국인에게 반공 연설을 하고 있다고 되어 있다. 이 사진은 24군단 123통신사진파견대 코모(Comeau)가 촬영한 것으로, 1948년 11월 1일에 공보부를 통해 공표되었다. 이 사진의 생산기관 분류번호는 2개가 있다. 1차 생산기관 분류번호는 'XXIV-48-4090'으로, 이는 24군단 배속 통신대가 1948년에 생산한 사진 가운데 4,090번째임을 의미한다. 2차 생산기관 분류번호는 SC 308844로, 이는 미 육군통신대가 전 세계에서 찍은 사진들을 연도별로 다 모아 일괄적으로 재분류해 부여한 번호로 30만 8,844번째 사진이라는 의미다. 흥미로운 것은 이 일련번호 사진의 앞뒤로, 즉 SC 308842에서 308847 사진들이 동일한 행사에서 찍은 사진들이라는 점이다.

〈사진 1-3〉은 서울운동장에 들어가는 엄청난 인파를 확인할 수 있다. 그리고 질서 유지를 위해 경계하는 경찰이 곳곳에 눈에 띈다. 이 사진의 소실점에 해당하는 운동장 정문 입구에는 '반공구국 총궐기 정권이양 축하 국민대회'라고 쓰여 있는 간판이 걸려 있다.

사진 1-1 9 · 23 반공국민대회에서 연설 중인 이승만 대통령(SC 308844)

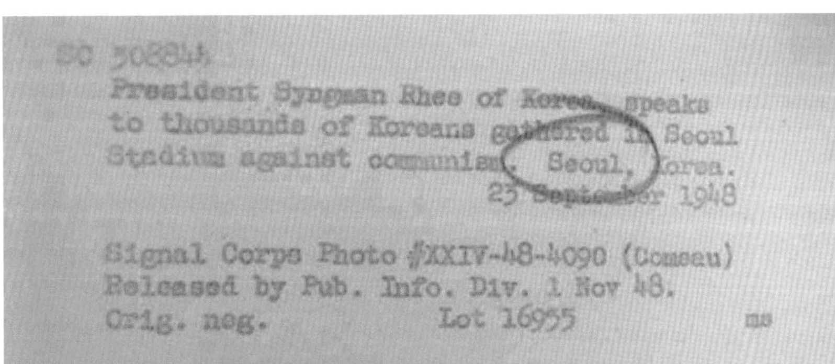

SC 308844
President Syngman Rhee of Korea, speaks
to thousands of Koreans gathered in Seoul
Stadium against communism. Seoul, Korea.
23 September 1948

Signal Corps Photo #XXIV-48-4090 (Comeau)
Released by Pub. Info. Div. 1 Nov 48.
Orig. neg. Lot 16955 ms

사진 1-2 생산정보가 표기된 사진 1-1의 뒷면(SC 308844)

사진 1-3 동대문운동장에서 개최된 9 · 23 반공국민대회(SC 308842)

사진 1-4 9 · 23 반공국민대회에 운집한 사람들(SC 308843)

〈사진 1-4〉는 이 대회에 운집한 사람들의 규모를 가늠할 수 있게 해 준다. 여러 단체, 학교 등의 깃발이 나부끼고, 남녀노소 할 것 없이 수많은 사람이 연설 단상을 향해 바라보고 있다. 사진상에서도 확인되지만, 이 대회는 1948년 9월 23일 대동신문사 사장 이종형이 주최한 반공구국 총궐기 정권이양 축하 국민대회(이하 반공국민대회)였다. 이 반공국민대회는 외견상 우익 성향의 언론사가 주최한 것처럼 보이지만, 사실은 관(官)이 적극적으로 후원한 것이었다. 이 반공국민대회의 목적은 '반민정국'[4]을 주도하는 이른바 소장파 국회의원들을 이북의 김일성과 연계된 빨갱이로 몰아가는 등 그야말로 원색적인 빨갱이 담론을 형성, 유포시키고자 한 것이었다. 이러한 사안의 중대성 때문인지 당시 제헌국회에서도 이에 대한 대정부질의가 여러 차례 있을 정도로 파장이 큰 사건이었다. 특히 김웅진 의원은 이 반공국민대회의 배후에 반민법을 반대하는 친일 · 단정 세력이 있고, 그 전위와 후원 역할을 하는 대동신문사 사장 이종영과 내무부장관 윤치영을 비난하고 있다. 실제 이종영은 박흥식에 이어 1949년 1월 10일 체포되어 반민특위의 조사를 받고 기소될 정도로 '악질적인 친일반민족행위'를 했고, 그 사실을 누구보다도 본인이 더 잘 알기에 반민정국을 반공정국으로 뒤집기 위해 제일선에 앞장섰다. 이 반공국민대회에 참석한 수많은 인파는 경찰과 동회장(洞會長)들이 동원한 것이다. 당시 '관'이 군중을 동원하는 기제는 '배급통장'과 같은 능동적 유인과 함께 참석하지 않으면 빨갱이 또는 좌익(공산당)으로 몰리는 부정적 낙인찍기가 혼합된 것이었다(강성현, 2013: 258-259).

이와 관련해 당시 동아일보가 이 반공국민대회에 대해 상세히 보도한 기사가 있다. 이 신문기사를 보면, '反共國民大會 反民法反對가目的?(반공국민대회, 반민법 반대가목적?)'과 '民衆强制動員 反民法反對等 國會서重大問

4 제헌헌법 제101조에 근거해 정부수립 직후 반민족행위처벌법(반민법) 제정, 반민특위 조직, 반민자(소위 친일파)에 대한 공판이 진행되었던 국면을 말한다.

反共國民大會
反民法反對가目的?

民衆强制動員
反民法反對等
國會서重大問題化

國民大會餘波

사진 1-5 『동아일보』 1949년 9월 24일자 기사

題化(민중강제동원, 반민법반대등 국회서중대문제화)'라는 타이틀이 눈에 띈다. 이 기사에 따르면, 이 반공국민대회에 이범석 국무총리, 임영신 상공부장관, 안호상 교육부장관 등이 참석했다. 그런데 〈사진 1-1〉을 보면 이 자리에 이승만 대통령과 김병로 대법원장이 참석했고, 국회를 빨갱이 소굴로 규탄하는 이 자리에서 이승만 대통령이 반공 연설했음을 확인할 수 있다. 이는 당시 여러 신문기사와 국회속기록에서도 확인할 수 없는 새로운 사실이다.

이렇게 볼 때 이 사진은 기존에 알려진 역사적 사실을 단지 시각적으로 전달해 주는 것 이상의, 새로운 역사적 사실을 뒷받침하는 사료로 기능하고 있다. 이처럼 사진 이미지의 내용과 시각적 특성에 대한 내용분석과 사진의 생산정보를 결합하고, 더 나아가 이러한 정보를 바탕으로 사진의 내용(또는 장면)과 관련된 역사적 사실과 교차분석을 해 보면 전혀 알려지지 않은 새로운 사실을 알 수 있게 된다.

제2장

미 육군통신대 사진부대와 사진병의 활동

미군은 기록을 위해 미국의 영향력이 미치는 세계 전역에서 다양한 기록물들을 생산, 수집했다. 제2차 세계대전과 1945년 이후 미군이 생산한 막대한 양의 스틸사진(still picture)과 동영상(motion picture)도 이에 포함된다. 일본군 항복과 미군 진주를 시작으로 한반도에는 기록사진을 전문적으로 생산하는 미군 부대가 조직되어 활동했다.

1945년 9월 하지(J. R. Hodge) 중장의 제24군단(24th Corps)이 38선 이남에 진주한 이후 최초로 사진기록 활동에 나선 것은 육군과 해군[1]의 사진병이었다. 육군은 점령 및 군정과 관련한 기록사진을 전문적으로 생산하기 위해 사진부대를 조직했다. 그렇게 조직되어 미군정기 내내 활동했던 사진부대가 123통신사진파견대(123d Signal Service Detachment, Photo)와 502통신사진파견대(502d Signal Photo Detachment)였다. 이 부대의 사진병들은 미군의 진주 이후 철수에 이르는 약 4년 동안 한국의 국가건설 과정의 주요 장면들을 포착하는 막대한 양의 기록사진을 남겼다. 그 이후 한국전쟁 발발 전까지 주한미군사고문단(KMAG) 소속 사진병들이 소수 활동

1 해군 사진병은 9월 9일 이래 짧은 기간 동안 인천과 서울 등지에서 미군 진주, 일본군 무장해제와 항복 조인식, 한국인의 모습과 일상을 담은 사진들을 남겼다.

했고, 사진 규모도 상대적으로 적다.

한국전쟁이 발발하자 맥아더(D. MacArthur) 총사령관 직속 71통신대 A중대 사진대 병사들이 한국 전선으로 급파되었다. 7월과 8월 두 달 동안 약 40여 명의 71통신대 A중대 사진대 사진병들이 생사를 넘나들면서 전쟁 초기의 기록사진들을 생산했다. 1950년 9월 15일 인천상륙작전 이후 미 육군 사진부대의 조직과 활동에 큰 변화가 있었다. 미 8군과 각 군단, 사단 예하의 사진부대가 조직되어 활동에 나섰다. 그 이후 71통신대 A중대 사진대와 나머지 사진부대들 간의 기능적 역할 분화가 이루어졌다. 71통신대 A중대 사진대는 정전회담, 포로수용소에서의 심리전 기록 등과 같은 전략적 차원의 사진 활동에 집중했고, 미 8군 · 군단 · 사단 예하의 사진부대들은 전방과 후방에서 전술적 차원의 광범위한 사진 활동을 맡았다.

미 육군통신대 사진부대의 한국전쟁 참전과 활동에서 가장 중요한 역할을 한 것은 연합군 총사령부-미군 극동사령부(이하 GHQ-FEC) 배속 71통신대 A중대 사진대였다. 이 부대의 조직과 한국전쟁기 사진 활동, 그리고 미 8군 배속 167통신사진중대의 조직과 활동을 살펴보기로 하자.

1. GHQ-FEC 사진부와 71통신대 A중대 사진대의 조직

미군은 제2차 세계대전의 기록을 위해 미군의 전쟁 및 통치 행위들을 모두 사진과 영상의 형태로 생산했다. 태평양전쟁기의 미군의 전투 및 점령 활동, 특히 오키나와에서의 전투, 일본과 한국으로의 '진주', 군정, 민사, 그리고 점령군과 피점령지의 일상이 여러 각도에서 기록되었다.

GHQ 통신국 사진부가 그 역할을 맡았다. 사진부는 통신국 내 사진과 영상 기록 생산 · 보존 · 관리 담당 부서로 사진 전문 부대를 배속부대로 두고 있었으며, 총사령부가 위치했던 제일생명 건물 근처에 있는 제국생명 건물에 본부를 구성했다(사진 2-1, 사진 2-2).

사진 2-1 제국생명 건물 5층 GHQ 통신국 사진부(太平洋戰爭硏究會, 2007)

사진 2-2 제국생명 건물 7층 사진 현상실(太平洋戰爭硏究會, 2007)

제2차 세계대전 이후 일본을 비롯한 동아시아를 실질적으로 지배한 연합군최고사령관(SCAP) 맥아더 장군은 심리전과 선전 감각이 뛰어나 공식석상에서는 거의 언제나 사진병을 대동해 자신을 중심으로 기록사진을 남기도록 했다. 사진부도 그런 기대에 부응해 매주 각국의 대표자가 참석하는 회의를 통해 맥아더 총사령관의 동향과 일본에 오는 연합국 유력자들의 일정 등을 확인하고 사진 활동에 나섰다. 맥아더가 쇼와 천황을 회견하는 장면, 미 8군 사령관 아이첼버거(R. L. Eichelberger) 중장 부부와의 회견, 참모들과 회의하는 장면, 주요 공식행사장에서 맥아더 총사령관의 모습이 포착되었다.

사진으로 재현된 인물이나 장소는 '사진 권력'이 미칠 수 있는 범위와 한계를 보여 준다. 사진의 피사체를 보면, 공식행사뿐만 아니라 사진병 개인의 관심과 흥미로 찍었던 사진들도 상당히 많아 보인다. 이들은 행사장, 번화가에서 길모퉁이에 이르기까지, 자신들이 지배 권력의 일부임을 증명하듯이, 평범한 사진가는 절대 들어갈 수 없는 장소, 예컨대 형무소, 경찰서 유치장, 일본은행의 대금고 안 등도 렌즈를 들이댔다(太平洋戰爭硏究會, 2007: 2-5).

GHQ 사진부만이 사진 활동을 했던 것은 아니다. 일본에 대한 단독점령과 간접통치의 중심인 미 8군 예하 부대에 전속 사진조직이나 사진병들이 있었다. 점령 기간 사진 활동 자원을 집중시키고 계통을 세우기 위해 사진부대들이 재배치되었다. 그 결과 탄생한 것이 71통신대 A중대 사진대(Photographic Section)였다.[2]

71통신대 A중대 사진대는 한국을 포함해 GHQ-FEC가 관할하는 지역

---

2 A중대에는 사진대만 있는 것이 아니다. 중대본부와 함께 71통신대 대대본부의 통신장교의 지휘를 받는 통신장비를 건설 · 유지하는 부대가 포함되어 있었다. 당시 사진대의 부대 규모가 장교 10명, 사병 84명이었는데, 건설 · 유지부대도 장교 6명, 사병 149명으로 그 규모가 사진대에 비해 작지 않았다. 이렇게 볼 때 A중대를 전적으로 사진 특화 부대로 보기에는 다소 무리가 있다.

전체를 무대로 활동했다. 미군의 일본 점령과 통치 활동, 일본 곳곳의 일상을 포착했고, 이 기록들을 보존 관리하고, 필요한 곳에 제공했다. 더 나아가 오키나와, 한국, 대만, 필리핀 등 미군이 주둔하고 있는 지역에서의 사진 활동을 지원했을 뿐만 아니라 그렇게 생산된 사진 기록들을 GHQ 사진부로 집중·집적시켰다. 사진부의 현상실에서는 동아시아 각 현지에서 미군 사진병이 일차적으로 생산(촬영, 사진병에 의한 1차 캡션)한 사진들에 대한 설명(2차 캡션)을 달고 보존, 관리하거나 이것을 필요로 하는 곳에 제공했다.

흥미로운 것은 그 활동 반경보다 사진대의 조직과 기능, 인적 규모는 상대적으로 단순하고 소규모였다는 점이다. A중대의 한 부문(section)이었던 사진대는 독립적 사진부대에 필수적인 사진현상 및 설비보급·수선 관련 조직과 기능을 갖추고 있지 않았다. 이러한 특징은 71통신대 A중대 사진대가 GHQ-FEC 통신국 사진부에 배속되어 지휘를 받았기 때문에 가능한 것이었다. 사진 활동을 지원하기 위한 필수 조직과 기능은 GHQ-FEC 사진부가 전적으로 제공했다. 다시 말해 사진대는 형식적으로 71통신대 A중대의 한 부문으로 편성되어 지휘를 받았지만, 실질적인 지휘 계통은 GHQ-FEC 사진부에 있었다. 한국전쟁이 발발했을 때, 미군의 전쟁 활동을 사진으로 기록하기 위해 한국 전선에 급파된 부대는 바로 이 71통신대 A중대 사진대의 사진병들이었다. 〈그림 2-1〉은 GHQ-FEC 통신국 사진부와 71통신대 A중대 사진대의 조직도이다.

당시 GHQ-FEC 통신국 사진부는 기능에 따라 크게 스틸사진 조직과 동영상 조직, 그리고 이 사진을 현상하는 랩실로 구성되었다. 하부조직인 71통신대 A중대 사진대도 조직기능에서 다르지 않기 때문에 똑같다. 다만 사진 활동의 차원에서 보면, 스틸사진 활동과 동영상 활동은 대개 한 팀을 이루었다는 점을 유의할 필요가 있다.

1950년 10월을 기준으로 보면, 당시 사진부의 총책임자는 워커(A. J. Walker) 소령이었다. 그 밑으로 웰처 대위와 블롬퀴스트 대위가 각각 스틸사진과장과 동영상과장 보직을 맡았다. 이 시점에 사진현상과장은 누가

그림 2-1 GHQ-FEC 통신국 사진부와 71통신대 A중대 사진대의 조직도

맡았는지 확인되지 않지만, 대개 스틸사진 쪽 장교가 번갈아가며 맡았던 것으로 보인다.

사진부의 주요 장교들은 한국전쟁에 참전한 71통신대 A중대 사진대 사진병들의 활동을 지휘·지원하기 위해 수차례 한국 전선을 방문하고 다양한

표 2-1 GHQ-FEC 통신국 사진부 주요 장교(1950. 10. 현재)

부서	이름
통신국장	백(G. I. Back) 준장
사진부장	워커(A. J. Walker) 소령
스틸사진과장	웰처(C. G. Welcher) 대위
동영상과장	블롬퀴스트(H. E. Blomquist) 대위
사진현상과장	(미확인)
행정장교	허프(C. W. Huff) 대위
	포터(R. L. Porter) 대위
보급장교	데일리(J. J. Daly) 대위
스틸사진가	스트릭랜드(R. L. Strickland) 대위
동영상 카메라맨	버트(A. G. Burt) 대위
통역	이한우 대위

사진 2-3 허프 대위, 버트 대위, 블롬퀴스트 대위, 사진부장 워커 소령(SC 352486)

사진 2-4 허프 대위, 포터 대위, 워커 소령, 웰처 대위(SC 352510)

사진 2-5 허프 대위, 스트릭랜드 대위, 데일리 대위(SC 352698)

사진 2-6 허프 대위, 데일리 대위, 통역 이한우 대위(SC 352509)

사진 2-7 미군 영상팀의 인터뷰에 응하는 이승만 대통령(SC 352689)

사진 2-8 71통신대 영상팀과 이승만 대통령(SC 352690)

활동을 수행했다. 그중 가장 중요한 업무가 미 8군 예하에 직속 사진부대를 조직하고, 각 군단 및 사단 예속 사진부대들의 조직을 지원하는 것이었다. 도쿄에 본부를 두고 있는 71통신대 A중대 사진대 사진병들을 파견해 각 군단과 사단에 종군하는 방식으로 한국의 전방을 모두 커버하기에는 한계가 있었다. 무엇보다 '서울수복'과 '38선 돌파' 이후 서울을 비롯해 후방에 대한 기록사진 활동의 필요성도 제기되었다. 한국전쟁과 관련해 GHQ-FEC 직속 71통신대 A중대 사진대는 전략 사진 활동에 집중하고, 미 8군과 그 예하 군단·사단의 배속 사진부대는 전술 사진 활동을 하는 것으로 기능의 분화 조정이 협의되었다. 이를 위해 사진부장 워커 소령이 한국으로 자주 건너와 미 8군과 각 군단의 사진 장교들과 자주 협의를 가졌다.

보직과 상관없이 사진부에서 가장 중요한 역할을 맡았고, 사진 활동의 감독과 지원에 가장 두드러진 활약을 펼친 것은 선임참모 허프 대위였다. 그의 활약은 많은 사진 속에서도 포착된다. 〈사진 2-7〉은 1950년 11월 8일 71통신대 A중대 사진대 영상팀이 이승만 대통령을 인터뷰했을 때 촬영한 것이다.

당시 71통신대 A중대 사진대 영상팀은 한국 고위급 정치인, 특히 '적치하 3개월'에 대한 인터뷰를 기록으로 남기고 있었다. 사진의 가장 왼쪽에 서 있는 장교가 허프 대위며, 그다음으로 동영상과의 버트 대위다. 사진의 오른쪽에 서 있는 장교가 미 8군 사진장교 세이버 소령이고, 그 왼쪽이 스틸사진과의 스트릭랜드 대위다(사진 2-8).

2. 전쟁사진 활동과 군 전쟁사진가의 시각

1950년 6월 28일부터 7월 내내 한국의 전장에서 후퇴하는 전선을 따라 촬영한 사진들은 바로 이 71통신대 A중대 사진대 사진병들의 활동 결과였다. 이들 가운데 한국에서 가장 빨리 활동한 사진병은 턴불(C. R. Turnbull) 병장,

행콕(R. L. Hancock) 일병, 댄젤(R. Dangel) 상병이었다. 6월 28일부터 7월 5일 사이의 현존하는 한국전쟁 사진들 가운데 주한미군사고문단(KMAG) 윈즐로(F. J. Winslow) 중위의 사진을 제외하면 모두 이 3명이 찍은 것으로 보인다.

그 이후 24보병사단, 1기병사단, 25보병사단을 따라 한국에 들어온 포터(R. L. Porter) 중위, 리마스터(A. E. Lemasters) 상병, 스튜어트(J. C. Stewart) 병장, 릴리(C. Riley) 병장, 기라드(R. J. Girard) 병장 등 40여 명의 71통신대 A중대 사진대 사진병들이 7~8월 동안 사진 활동을 했다. 여기에서는 턴불 병장, 행콕 일병, 댄젤 상병, 윈즐로 중위의 사진 활동과 시각을 중심으로 살펴볼 것이다.

1) 턴불 병장

턴불 병장은 1950년 6월 28일 오후에 수원비행장으로 들어왔다. 그다음 날인 29일 아침 맥아더 총사령관이 윌러비(C. A. Willoughby) 소장(GHQ 참모 제2부장, G-2), 알몬드(E. Almond) 소장 등 참모들과 전선시찰차 내한했는데, 그 선발대였던 것으로 생각된다. 턴불은 도착하자마자 북한군의 기총소사를 받고 불타고 있던 C-54 수송기를 찍었는데, 이 사진은 한국전쟁 초기 사진 가운데에서도 잘 알려진 유명한 사진이다.[3] 『라이프』의 전쟁 사진가 덩컨(D. D. Duncan)이 수원비행장에 도착하자마자 촬영한 불타는 C-54는 턴불과 다른 각도에서 찍은 것으로 보인다(Duncan, 1990).

6월 29일 아침 맥아더 총사령관 일행이 탄 전용기(Bataan)가 비행장에 도착했을 때 이 수송기는 여전히 불타고 있었는데, "일행이 비행장을 막 벗어나 차를 타려는데 또 두서너 대의 야크기가 갑자기 달려들었던"

3 미 해외참전용사협회가 1951년 발간한 사진집에서 이 사진의 장소를 김포비행장으로 설명한 이후 모든 사진집과 연구서에서 잘못된 정보를 재생산하고 있다. 이 사진의 원래 캡션에는 비행장 정보가 없지만, 여러 사실을 교차해 분석한 결과 김포비행장이 아닌 수원비행장인 것으로 판단된다.

사진 2-9 턴불 병장
(SC 342949)

사진 2-10 적기의 기총소사로 불타는 미군 수송기(SC 342707)

(중앙일보사, 1983: 235) 당시의 긴박감을 묘사하기 위해 이 사진이 주로 동원되었기 때문이다. 그렇게 턴불은 한 시간 반 가까이 한강 방어선을 시찰하는 맥아더 총사령관 일행을 수행하면서 많은 사진을 남겼다.

〈사진 2-11〉은 전방지휘소 사령관 처치(J. H. Church) 준장, 주한미대사관의 드럼라이트(E. F. Drumright) 참사관, 이승만 대통령이 수원비행장에서 맥아더 총사령관을 기다리며 환담하면서 웃고 있는 장면을 포착한 것이다. 이와 관련해 『라이프』 사진가 덩컨은 이런 화기애애한 겉모습 이면에 아찔한 상황을 회고한다. 이승만 대통령이 피란 갔던 대전에서 맥아더를 만나기 위해 뒤에 보이는 경비행기를 타고 수원비행장으로 오는 도중에 야크기를 만나 간발의 차이로 공격을 피했다는 것이다.

〈사진 2-12〉는 맥아더 총사령관이 그의 참모와 한국군 장교들과 함께 한강 이남 전선 상황을 시찰하며 전황을 논의하고 있는 장면을 찍은 것이다. 맥아더 왼쪽에 정보책임자 윌러비 소장이, 오른쪽에 알몬드 소장이 서 있다. 맥아더와 마주 보고 이야기하는 사람은 주한미대사관 1등서기관 노블(H. J. Noble)이다. 이때 맥아더는 주일미군 2개 사단 정도만 동원하면 한국을 충분히 지킬 수 있다고 판단했지만, 결과적으로 그것은 오판이었다.

〈사진 2-13〉에서는 『뉴욕헤럴드트리뷴(*New York Herald Tribune*)』의 히긴스(M. Higgins) 특파원이 맥아더 총사령관을 인터뷰하고 있다. 히긴스는 6월 27일 전선 상황 취재를 위해 김포비행장을 통해 서울로 들어왔다. 그리고 28일 새벽 한강교가 폭파되자 주한미군사고문단과 합류해 작은 배를 타고 도강해 서울에서 탈출하는 고생을 겪었다. 그날 히긴스는 기사 송고를 위해 수원비행장에서 덩컨이 타고 들어온 C-47을 타고 일본 이타즈케 공군기지로 돌아갔다가 29일 다시 수원비행장으로 돌아왔는데, 마침 거기에서 바탄기를 보고 기다리다가 전선 시찰 후 돌아온 맥아더를 단독 인터뷰하는 기회를 갖게 된 것이다(Higgins, 1951: 25-30).

맥아더 총사령관 일행은 일본으로 돌아갔지만, 턴불 병장과 행콕 일병, 댄젤 상병은 '임무 수행(사진 활동)'을 위해 한국에 남았다. 이들은 7월 1일

사진 2-11 처치 준장, 드럼라이트 참사관, 이승만 대통령(SC 342848)

사진 2-12 전선 시찰 중 전황을 논의하는 맥아더 총사령관과 그의 참모들(SC 342712)

사진 2-13 맥아더 총사령관을 인터뷰하는 히긴스(SC 342846)

사진 2-14 대전역에 도착한 스미스부대(SC 342731)

수원역을 거쳐 대전으로 이동했다. 턴불 병장은 7월 2일 대전역에 도착한 미 24사단 선발대 스미스부대(21연대 1대대)와 함께 북상했다. 대전역에서 나오는 스미스부대를 찍은 사진은 그의 작품이었다(사진 2-14).

이 사진은 스미스부대가 C-54 수송기로 일본에서 부산으로 공수된 후 열차를 이용해 대전역에 도착한 장면을 포착했다. 자신감 넘치는 미군 전술부대의 첫 참전과 기동성이 사진 구도 속에서 잘 표현되고 있다. 그 후 스미스부대는 차량을 이용해 평택까지 올라간 후 죽미령고개(수원과 오산 사이)에서 방어선을 구축해 7월 5일 전투를 벌였지만, 패퇴했다.

그 이후 턴불 병장은 24사단의 작전 지역에서 활동하며 사진을 찍었다. 7월 7일 그는 대전비행장에서 24사단장 딘(W. F. Dean) 소장과 무초 미대사가 미 8군 사령관 워커(W. H. Walker) 중장을 마중 나갔던 것과 이후 전선 상황을 브리핑하면서 작전을 논의하는 장면을 〈사진 2-15〉로 남겼다.

당시 딘 소장은 적의 전진 지연 임무를 맡은 스미스부대가 신속히 투입된 만큼이나 신속히 깨지면서 미 34연대를 투입해 평택-안성선을 구축하려는 작전 구상에 차질을 빚은 상황이었다.

턴불 병장도 평택-안성에서 천안으로 후퇴해 방어하던 미 24사단 34연대를 종군했다. 그 과정에서 아군의 작전 상황, 무기 · 장비체계(105밀리 곡사포, 박격포, 대전차지뢰, 50구경 중기관총 등), 피란민 등을 피사체로 담았다. 7월 13일에는 공주 방면의 금강 방어선을 구축하는 34연대 소속 미군이 금강교를 폭파하는 장면을 사진에 담았다(사진 2-16).

그 이후 그의 종군사진 활동은 24사단의 '대전 방어' 그 자체였다. 7월 20일부터 대전 시가지 전투가 시작되었고, 딘 소장은 그날 저녁 대전철수 명령을 하달했음에도, 턴불 병장은 다음날인 7월 21일 오전까지도 대전에 남아 시가지 전투를 벌이고 있는 미군 병사의 모습을 사진에 담고 있었다.

〈사진 2-17〉은 대전에서의 치열했던 '지연전'을 단적으로 보여 준다. 딘 소장은 2개 대대 규모에 불과한 34연대 병력만으로 7월 17일부터 20일까지

사진 2-15 워커 중장을 마중하는 무초 대사와 딘 소장(SC 342955)

사진 2-16 금강 방어선 구축을 위한 금강교 폭파(SC 343417)

사진 2-17 대전 시가지 전투 중인 미군 병사(SC 343819)

적 3개 사단의 집중 공격을 방어했다. 사진 속 병사는 철모도 벗어버린 급박한 상황에서 무거운 브라우닝 기관총을 들고 적을 향해 뿜어 대고 있다. 이 사진을 찍은 턴불 병장 역시 생사의 갈림길에 서 있었을 것이다.

그의 한국전쟁 종군사진 활동은 여기서 잠깐 중단되었다. 그는 대전을 탈출한 이후 일본으로 후송되었고, 한국으로 다시 돌아왔을 때는 8월 말이었다.

2) 행콕 일병과 댄젤 상병

행콕 일병과 댄젤 상병은 7월 1일 대전으로 이동하기 위해 수원역에서 기차를 기다리면서 다양한 피사체를 사진에 담았다. 전방 재투입을 위해 수원역에 집결해 있는 한국군과 경찰 병력, 이감 대기 중이었던 수백여 명의 소년 정치범들, 다수 피란민, 한강 이북에서 소개되어 휴식을 취하고 있는

사진 2-18 행콕 일병(왼쪽, SC 348699)

사진 2-19 댄젤 상병 (SC 351694)

미군(주한미군사고문단 추정) 등 7월 1일 수원 상황을 엿볼 수 있게 하는 사진들이었다.

사진에는 머리를 짧게 깎은 민간인들과 이들을 경계하고 있는 한국군과 경찰이 보인다. 〈사진 2-20〉에서 보이는 왼쪽 건물은 수원경찰서 역전 경찰관파출소로, 그 오른쪽 뒤로 수원역이 보인다. 캡션을 보면, 행콕 일병의 시각에서 이들은 북한군 포로로 포착되었다.

그러나 이들은 춘천형무소와 인천소년형무소에서 후방의 타 형무소(대전형무소)로 이감 중이던 사상 관계 소년범들로 추정된다. 그러나 이들에 대한 이감 기록은 없다. 이감 중 '사라짐'의 의미는 어디에선가의 '처형' 일 가능성이 크다. 설령 대전형무소로 이감되었더라도 그 또한 대전 인근 산내 골령골에서의 '처형'이었기 때문에 이들의 운명은 크게 달라지지 않았을 것이다.[4] 그 사라짐 전에 행콕 일병에 의해 시각화된 것은 어디까지나 후송 중인 북한군 포로로 오인되어 포착되었기 때문이다.

행콕 일병은 댄젤 상병과 함께 대전으로 이동한 이후부터 대전으로 올라오는 미 24사단 34연대의 병력과 무기·장비들의 이동에 대한 기록 사진들을 찍었다. 7월 5일 행콕 일병의 렌즈에 비친 대전역은 복잡하지만, 활기가 가득했다. 부산 상행선 기차에서 올라온 무기와 장비들은 대전 방어선 구축을 위해 대전역에서 하차했다. 상행선 빈 화차는 다시 34연대의 병력과 장비를 가득 실어 전선 가까운 역으로 출발했다.[5]

〈사진 2-22〉는 곡사포의 하역과 전방 이동을 한국군이 도와주고 있는 장면이다. 환하게 웃고 있는 한국군 병사들의 얼굴에는 안도와 여유가 느

---

4 산내 골령골에서의 처형에 대한 미국의 시각은 주한미대사관 소속 육군 무관 에드워즈(B. E. Edwards) 중령이 상부에 보고한 「한국에서의 정치범 처형」에서 확인할 수 있다. 그리고 그 반대편의 시각은 영국 공산권 계열 『데일리워커(*Daily Worker*)』의 위닝턴(A. Winnington) 기자가 1950년 8월 9일자에 실은 골령골 학살 기사와 사진에서 확인된다.

5 34연대는 7월 3일부터 대전에 도착해 평택-안성으로 북상했고, 105밀리 곡사포를 실은 화차들도 속속들이 대전역에 도착해 하역하는 상황이었다.

사진 2-20 수원역 앞에서 대기 중인 사상범 1(SC 343052)

사진 2-21 수원역 앞에서 대기 중인 사상범 2(SC 343053)

껴진다. 미군의 참전이 본격화되었기 때문이다. 이 장면을 포착한 행콕 일병의 의도가 분명히 엿보이는 시각이다. 이때는 앞서 대전역을 지나쳐 간 스미스부대의 일방적 패퇴 소식이 아직은 전해지지 않았던 시점이기도 했다.

반면 수원발 하행선 기차에는 다수의 피란민이 있었다. 대전역에서 잠시 정차한 상태로 출발을 기다리고 있는 그들의 모습은 초조해 보였다. 역 플랫폼에는 무기와 장비들을 하역하는 군인과 인부들, 그리고 미군을 환영하는 인파 등으로 번잡했는데, 대체로 미군의 참전으로 전세를 낙관해서인지 사진 속의 대전역의 분위기는 밝아 보인다(사진 2-23, 사진 2-24).

7월 6일 행콕 일병과 댄젤 상병은 34연대를 따라 평택으로 이동했다. 북한 야크기의 기총소사로 파괴된 평택역 사진을 찍은 것이 바로 그때였다. 다음날인 7일에는 34연대를 따라 천안으로 이동했다. 행콕과 댄젤은 그곳에서 천안 시내의 상황, 한국군을 재정비하고 있는 유재흥 사단, 방어 전선을 구축하고 있는 미 34연대, 남하하는 피란민 등의 사진을 기록으로 남겼다.

〈사진 2-25〉는 천안읍 사거리 근방에서 댄젤 상병이 남하하는 피란민과 함께 미군과 한국군이 교차하는 장면을 포착한 것이다. 행콕 일병 역시 동일한 장소에서 군용 지프차에 탄 미군과 한국군이 대화하는 장면을 촬영하고, 이 사진(SC 342962)에 "미군과 한국군이 서로 반기고 있다"는 캡션을 남긴 바 있는데, 실상은 전황에 대한 정보를 주고받았을 것이다.

〈사진 2-26〉은 한국군 7사단장 유재흥 준장이 휘하 참모에게 어떤 명령을 내리고 있다. 패전해서 후퇴한 병력 수습과 방어선 구축에 대한 명령이었을 것이다. 그의 7사단은 6월 26일 의정부 방면의 전투에서 궤멸에 가까운 패배를 당한 후 후퇴한 상태였다.

7월 8일에는 미 24사단 21연대의 작전 지역인 조치원 북방 쪽으로 이동했다. 이때 행콕 일병이 찍은 21연대의 M-24 탱크는 사진에서 볼 수 있는 미군의 첫 탱크였다(사진 2-27).

사진 2-22 미군 무기의 하역과 전방 이동을 도와주는 한국군(SC 342948)

사진 2-23 하행선 기차에서 대기 중인 피란민(SC 343099)

사진 2-24 대전역에서 미군의 북상을 환영하는 사람들(FEC-50-3724)

사진 2-25 천안읍 사거리에서 교차하는 미군과 피란민(SC 342961)

사진 2-26 참모에게 지시 중인 유재흥 준장(SC 342965)

사진 2-27 미군 M-24 탱크를 반기는 사람들(SC 343254)

사진 2-28 대구 5공군 사령부에서 기자회견 중인 맥아더 총사령관과 워커 중장(SC 344433)

사진을 보면 한국 주민들이 아군 탱크의 출현을 반기고 있다. 그러나 이 경탱크들은 천안 전투에 투입되기에 너무 늦게 도착했고, 미 34연대는 함정에 빠져 연대장이 전사하는 등 큰 타격을 입고 후퇴했으며, 7월 8일 천안은 적에 의해 함락되었다. 무엇보다 당시 이 경탱크는 사실 아군에 큰 도움이 되지 못했다. 적의 T-34 탱크와 비교할 때 포와 장갑 성능 면에서 떨어져 대전차전을 기대하기 어려운 실정이었다. 당시 미군 보병들은 "이놈의 미군 탱크들은 소련 아이들의 탱크가 모서리를 돌아오고 있다는 소식을 듣는 순간 우리를 버리고 도망쳐 버립니다."라고 불만을 터뜨리곤 했다(Higgins, 1951: 87-88). 이렇듯 미군 참전 초기에 미군 사진병이 렌즈에 담은 무기체계들은 최첨단의 무기 위용을 선전하기에는 부끄러울 정도였다.

행콕 일병과 댄젤 상병은 대전을 중심으로 24사단의 작전 지역에서 종군사진 활동을 했다. 7월 17일 이후부터 행콕은 포항에 상륙해 북상하는 미 1기병사단과 합류했고, 댄젤은 미 25사단으로 합류해 종군했다. 7월 26일 대구 5공군 사령부에서 열린 맥아더 총사령관의 기자회견을 마지막으로 행콕과 댄젤은 일본으로 후송된 것으로 보인다. 그리고 9월 15일 인천상륙작전 때 미 해병 1사단과 함께 다시 한국에 돌아왔다.

〈사진 2-28〉은 행콕 일병이 찍은 7월 26일 맥아더의 기자회견 사진들 가운데 하나다. 그가 왜 이 시점에 재차 방문했는지는 분명하다. 연전연패와 기나긴 후퇴로 지친 미군의 사기를 북돋는 한편, 낙동강 방어선을 구축해 한국을 지키겠다는 메시지를 한국정부에게 보내고 있는 것이다. 그 맞은편 위치에 신성모 국무총리 서리가 자리하고 있는 것은 매우 상징적이다. 실제 맥아더는 기자들 앞에서 신성모를 직접 위로하는 장면을 연출하기도 했다.

3) 윈즐로 중위

71통신대 A중대 사진대 턴불 병장 일행이 한국 전장에 파견되기 전부터 사진 활동을 시작한 미군 사진장교와 사진병이 있다.[6] 바로 주한미군사고문단 소속 윈즐로 중위와 앤더슨 상병인데, 여기에서는 윈즐로의 활동과 시각을 중심으로 살펴보고자 한다.

6월 28일 새벽, 한강 인도교가 폭파되었을 때 주한미군사고문단 본부에 남아 있던 미군은 군사고문단장 직무 대리 라이트(S. Wright) 대령 휘하 약 60명이었다. 윈즐로 중위도 여기에 포함되어 있었다. 이 일행이 간신히 한강을 건너 산길을 따라 수원까지 걸어서 이동할 때 윈즐로 중위는 미군이 처음으로 후퇴하는 이 장면을 놓치지 않았다(사진 2-30).

이 사진을 확대하면 행렬 뒤쪽에 〈사진 2-13〉의 『뉴욕헤럴드트리뷴』 특파원 히긴스가 라이트 대령과 함께 걷고 있는 것을 확인할 수 있다.

그다음 날 윈즐로 중위는 맥아더 총사령관 일행이 수원비행장에 도착해 한강 이남 전선을 시찰한다는 소식을 듣고 그쪽으로 합류해 사진 활동을 수행했다. 그런데 이 사진 기록에서 흥미로운 것은 앞서 언급한 턴불 병장의 사진 활동이 포착되었다는 것이다. 〈사진 2-31〉이 바로 그것이다.

이 사진은 맥아더 총사령관의 전용기인 바탄이 도착하기 전 이승만 대통령 일행을 태운 경비행기가 도착한 때를 포착하고 있다. 처치 준장이 비행기에서 내리는 이승만 대통령과 주한미대사관 드럼라이트 참사관을 맞이하고 있는 장면을 촬영하고 있는 턴불 병장을 찍은 것이다.

윈즐로 중위는 6월 30일 수원역을 거쳐 남하했다. 이곳에서 그는 7월 1일 행콕 일병이 포착한 〈사진 2-20〉과 거의 동일한 구도의 사진을 찍었다. 윈즐로와 행콕이 동일한 위치에서 같은 피사체에 시선을 빼앗긴 것이다. 그런데 캡션을 보면, 행콕 일병이 '북한군 포로'로 인식한 피사체를 윈즐로 중위는 피란 가기 위해 기차를 기다리는 '남한 민간인'으로 표기했다.

6 한국전쟁 전 KMAG에는 윈즐로를 비롯해 핸즈비(Hendsbee) 등 전문 스틸사진가 2~3명이 함께 활동했는데, 전쟁 직후에는 윈즐로 중위와 앤더슨 상병의 사진 활동만 확인된다.

사진 2-29 윈즐로 중위(SC 345029)

사진 2-30 한강 이남으로 후퇴하는 주한미군사고문단(SC 342706)

사진 2-31 턴불 병장, 처치 준장, 이승만 대통령, 드럼라이트 참사관(SC 342872)

사진 2-32 수원역 앞에서 대기 중인 사상범 3(SC 342857)

포로가 아닌 민간인으로 보았다는 점에서 윈즐로가 행콕보다 상대적으로 정확했지만, 왜 이들을 피란민으로 인식했던 것일까? 〈사진 2-33〉 속의 경계 서고 있는 경찰들 사이에서 앉아 있는 사람들의 모습은 분명 어디론가 끌려가는 전형적 모습임을 전쟁 전부터 한국에서 활동한 그가 정말 착각했던 것일까? 착각일 수도 있지만, (자기)검열일 수도 있다. 이 사진 뒷면의 '배포 불가(not released)' 표시도 착각이 아닌 검열을 뒷받침하는 것이 아닐까?

이후 윈즐로는 주한미군사고문단의 활동을 기록으로 남기는 것이 주임무였던 만큼 턴불 병장 일행과 달리 일찍부터 남하해 후방에서 사진 활동을 수행한 것으로 보인다. 7~8월 내내 그가 찍은 사진들은 대구, 포항 등 주로 경북지역에서 사진 활동을 수행한 결과들이다. 이 과정에서 그는 미군뿐만 아니라 피란민, 고아, 폐허가 된 도시 등 다양한 피사체를 렌즈에 담았다. 이 사진들 속 시각은 일반 사진병들의 중심 시각과는 차별적인 데가 있다. 그의 사진들은 전쟁이 초래한 비극적 상황뿐만 아니라 그 속에서도 피어나는 생명력을 휴머니즘적으로 포착한다.

〈사진 2-34〉를 보면, 울고 있는 여자아이가 카메라를 응시하고 있다. 이 아이가 있는 곳에서 얼마 떨어지지 않은 곳에 포탄이 떨어져 불타고 있었는데, 거기에서 이 아이만 구조된 것으로 보인다. 아이 옆의 먹을거리는 구조한 미군 병사가 준 것이다. 그리고 정말 절묘하게도 그 뒤로 무심하게 아이를 지나치는 사람이 포착되어 있다. 사진에 고아가 된 아이를 돌보는 미군 병사의 구원행위와 한국인 농부의 무관심이 대비되어 시각화된 것이다.

〈사진 2-35〉는 8월 23일 수차례의 포격과 공중폭격으로 완전히 파괴된 포항의 풍경을 찍은 것이다. 흥미로운 것은 사진 정중앙에 서 있는 여성의 모습이다. 그야말로 모든 것이 파괴된 폐허 속에서 딛고 일어서는 생명력을 포착하고 있다. 이와 같은 그의 시각은 단순히 전쟁 다큐멘터리적인 데 그치지 않고 휴머니즘을 드라마틱하게 강조하는 것으로 보인다.

사진 2-33 수원역 앞에서 대기 중인 사상범 4(SC 342858)

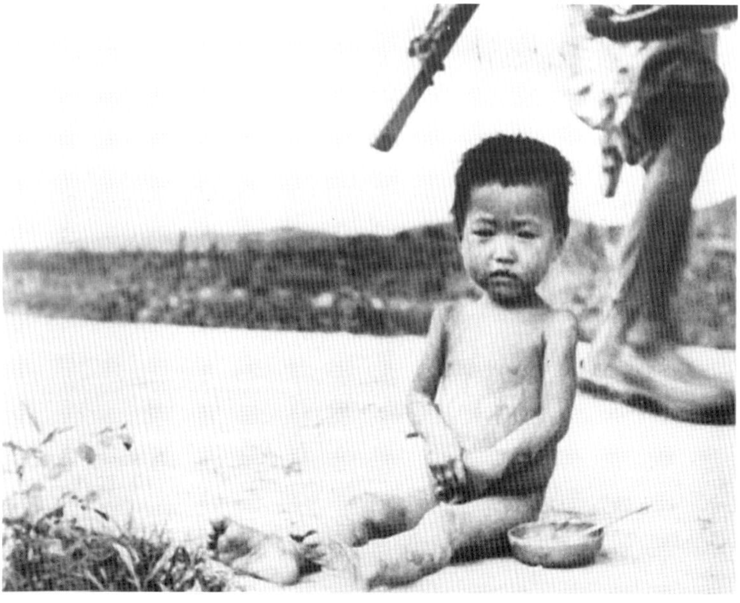

사진 2-34 길가에서 울고 있는 전쟁고아(SC 345449)

사진 2-35 완전 파괴된 포항의 폐허 속에 있는 한 여인(SC 346886)

전쟁의 현장을 보여 주는 전쟁사진은 전쟁을 보여 줄 뿐만 아니라 보이는 것들을 전쟁의 현실로 믿게 하고 기억하게 하는 역할을 담당한다. 턴불 병장, 댄젤 상병, 행콕 일병, 윈즐로 중위의 사진 활동은 한편으로 전쟁을 기록하는 것이면서, 다른 한편으로 사진에서 보이는 것들을 전쟁의 현실로 믿게 하고자 하는 심리전 활동이기도 했다. 그러면서도 특징적인 것은 아군(우리)과 적군(그들), 그리고 민간인(우리이자 그들)에 대해 다양하면서도 복잡하고 혼동스러운 시선을 보여 주었다. 제도로서의 검열이 거의 작동하지 않은 전쟁 초기라 가능했을 것이다. 한국전쟁 초기 전쟁사진의 균열적인 시각은 '서울수복' 이후 검열을 통해 점차 균질적으로 나타나는 시각과 확연히 구별된다. 그렇기 때문에 이 4명의 사진병, 사진장교 각각의 시각이 중요하다고 볼 수 있다.

3. 167통신사진중대의 조직과 활동

인천상륙작전과 '서울수복'이 이루어진 1950년 10월 이후 미 8군 예하에 167통신사진중대가 조직되어 활발한 사진 활동에 들어갔다. 곧이어 각 군단과 사단에서도 속속들이 예하 사진 전문 부대가 조직, 활동하기 시작했다. 9월 28일 서울 '수복'에 이어 10월 1일 38선을 돌파하면서 전쟁은 완전히 역전되었고, 군사적 승리와 적지 점령 및 군사 · 민사 활동을 기록할 필요성이 대두되었다. 사진 활동에도 기능적 분화가 발생하기 시작했다. 한국전쟁의 전방과 후방 모두를 지원했던 71통신대 A중대 사진대는 이제 전략적 사진 활동에 집중했고, 그 아래 단위의 사진부대는 전술적 사진 활동을 수행했다.

167통신사진중대는 미국 메릴랜드에 있는 포트미드(Fort Meade)에 주둔해 있다가 인천상륙작전 직후 한국에 들어왔다. 그 날짜를 정확하게 확인하기는 어렵지만, 10월 중순 서울의 한 고등학교에 중대본부를 설치하고 사진 활동을 시작한 것은 확인된다.[7] 참전 당시 조직 규모를 확인할 수는 없지만, 포트미드에 있을 때 규모는 장교 17명, 준위 1명, 사병 130명 안팎이었던 것으로 보인다. 조직도는 〈그림 2-2〉와 같다.

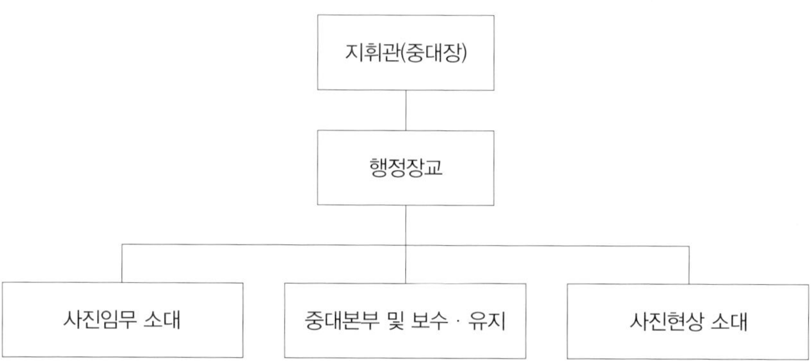

그림 2-2 167통신사진중대 조직도

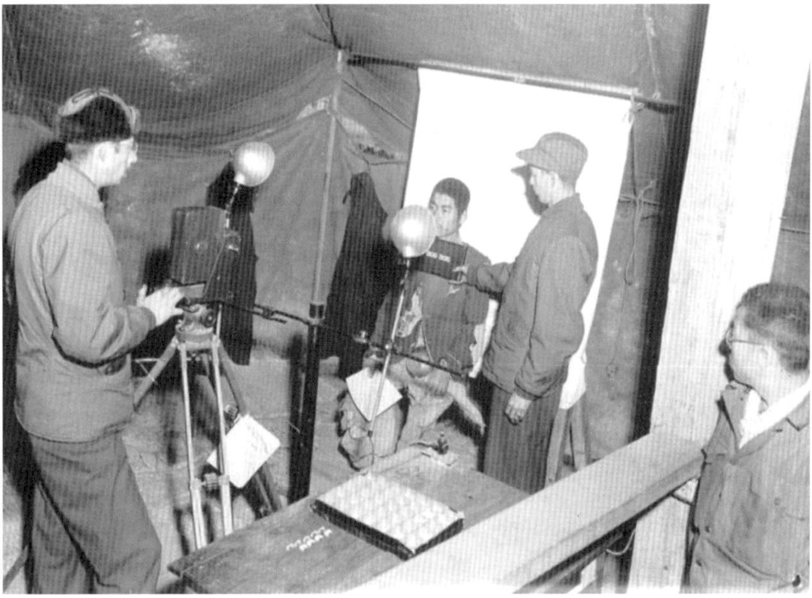

사진 2-36 인천 포로수용소에서 포로 증명사진을 촬영하는 사진병(SC 355649)

167통신사진중대는 3개 소대로 구성되었다. 각 부대의 인력과 조직기능을 간단히 살펴보면, 행정 및 보수·유지 기능을 하는 본부에는 다수 장교와 함께 1명의 준위가 배치되었고, 인사·보급 등의 기능을 수행했다. 그리고 사진소대는 1명의 장교(중위급)의 지휘 아래 8개의 스틸사진팀과 2개의 영상팀으로 구성되어 있었으며, 중사·하사·병장급 사진병이 각 단위를 이끌었던 것으로 판단된다.

특기할 것은 이 사진소대에 증명사진을 전문으로 찍는 팀이 있었는데, 적 포로를 수용소에 입소시키기 전에 인물 확인과 기록을 위해 증명사진을 찍는 임무를 수행했다.

〈사진 2-36〉은 그라셀 주니어(J. J. Grassel Jr.) 병장과 샤프(R. C. Sharpe)

7 SC 351353, 167통신사진중대는 1942년 5월에 기존의 통신대에 사진 기능이 더해지면서 사진부대로 거듭났다.

사진 2-37 이동형 사진현상 차량 앞에서 포즈를 취한 사진병들(SC 354123)

일병이 인천의 한 포로수용소에서 포로의 증명사진을 찍고 있는 장면이다. 각 포로수용소에 포로 등록을 위한 자체적인 사진 활동 조직과 기능이 없는 상태에서 사진소대가 한시적으로 지원했던 활동이 아닌가 생각된다.

167통신사진중대에는 사진을 현상하고 캡션을 생산하는 사진현상소대도 있다. 마찬가지로 1명의 장교 지휘 아래 3개의 사진현상팀과 이동형 사진현상실(차량)을 갖고 있었다.

사진현상소대원들은 1주일 내내 평균 18~20시간을 작업했다. 이렇게 해서 800장이 넘는 사진 네거티브(음화)를 만들고, 8,100장이 넘는 밀착사진(4×5 contact print)과 800장이 넘는 확대사진(8×10 enlargements)을 생산했다. 이 사진들은 작전의 전술적 용도로 활용되기도 했지만, 공보와 부대의 역사쓰기 작업에도 사용되었다.

이 사진은 이동형 사진현상 차량의 내부를 잘 보여 준다. 캡션에 따르면, 이동 중에도 흔들리지 않도록 밀착기(contact printer)와 확대기가

사진 2-38 이동형 사진현상 차량 내부(SC 354124)

볼트로 고정되어 있다. 확대기 헤드 부품과 화학약품, 인화지들은 통상적으로 작업대 밑 선반에 보관되어 있다. 사실 이 사진현상 차량은 167통신사진중대의 것이 아니다. 167통신사진중대와 거의 비슷한 시기에 한국에 들어왔던 2사단 배속 2통신중대 이동형 사진현상 차량이다.

167통신사진중대 사진병들의 활동 범위는 미 8군 사령부[8]가 위치한 서울을 중심으로 인천과 인근 경기지역을 커버했다. 그래서 피사체는 주로 군의 전쟁수행 인프라(군 기지, 전력·통신·교통·항만시설 등), 병력 및 물자의 수송과 이동, 후방에서의 지휘, 지원 작전의 업무와 일상에 초점이 맞춰져 있다. 또한 전선이 아닌 후방지역에서의 사진 활동이었기 때문에 군뿐만 아니라 민간의 다양한 모습도 포착하고 있다. 사진병들의 렌즈는 서울,

8 미 8군 사령부는 오늘날의 서울대학교 의과대학에 위치했다.

사진 2-39 스틸사진병 메리어 병장(SC 369101)

사진 2-40 영상사진가 핸릭 대위(SC 370401)

인천 등 주요 도시의 다양한 건물, 시가지, 문화재, 시장, 광장 등 다양한 장소들을 바라보고 있고, 그곳에 있는 한국인들, 특히 정치인, 관료, 상인, 시민, 학생, 피란민, 전재민 등을 낯설어하고 동시에 동정하는 복잡한 시선으로 클로즈업하고 있다.

'서울수복' 직후 167통신사진중대의 주요 사진 활동 가운데 하나는 한국 고위급 정치인 인터뷰 기록과 이에 기반한 영상, 영화 제작이다. 이들이 찍은 것은 다큐멘터리적 영상에서 극영화적인 영상에 이르기까지 생산 목적에 따라 그 장르와 형식이 다양했다. 이러한 종류의 사진 활동은 전략 사진 활동에 해당되는 것으로 71통신대 A중대 사진대 영상팀의 임무였지만, 상황에 따라 167통신사진중대도 함께 수행했던 것으로 보인다. 이때 71통신대 A중대 사진대는 〈모윤숙 공산주의를 피해 숨다(Mo Yun Sook flees communists)〉를 제작했고, 167통신사진중대는 〈한국의 방첩대 활동〉을 만들었다.

〈모윤숙 공산주의를 피해 숨다〉는 71통신대 A중대 사진대 영상팀의 모윤숙 인터뷰를 토대로 시나리오가 만들어져 영화로 발전된 경우다. 〈사진 2-41〉, 〈사진 2-42〉의 모윤숙이 고난의 '적화삼삭(赤禍三朔)'(적 치하 90일) 경험을 이야기하고 있는 장면이다. 사진을 보면, 영상팀이 모윤숙 인터뷰를 영상으로 담고 있고, 그 상황을 옆에서 스틸사진팀이 사진으로 기록하고 있다.[9] 그 내용은 아마도 『고난의 90일』(1950)의 「나는 지금 정말로 살아있는가」에서 나오는 이야기일 것이다. 당시 영상팀은 모윤숙뿐만 아니라 서울을 빠져나가지 못해 숨어 있던 고위급 인사들의 이야기를 인터뷰했다. 그 내용도 아마 『적화삼삭구인집』(1951)의 내용과 대동소이할 것이다. 〈사진 2-43〉의 사진들은 앞서 설명한 모윤숙의 적 치하 90일의 이

사진 2-41 적 치하 3개월 경험을 인터뷰하는 모윤숙(SC 352691)

사진 2-42 인터뷰 중인 모윤숙(SC 352692)

9 이 사진들은 1950년 11월 8일 71통신대 A중대 사진대 소속 댄젤 상병이 찍은 것이다.

야기를 극영화로 만든 것이다. 이 영화는 모윤숙이 북한 공산주의와 싸움을 재연한 것으로 주연은 실제 모윤숙이 맡았다. 이 사진들은 영화 촬영 현장에서 행콕 일병이 이야기의 전개에 맞춰 찍은 사진들로 총 19장이다.

1 (SC 352810)

2 (SC 352811)

3 (SC 352812)

4 (SC 352813)

사진 2-43 영화 〈모윤숙 공산주의를 피해 숨다〉의 주요 장면

5 (SC 352814)

6 (SC 352815)

7 (SC 352816)

8 (SC 352817)

9 (SC 352818)

10 (SC 352819)

사진 2-43　계속

11 (SC 352820)

12 (SC 352821)

13 (SC 352822)

14 (SC 352823)

15 (SC 352824)

16 (SC 352825)

사진 2-43 계속

17 (SC 352826)

18 (SC 352827)

19 (SC 352828)

(SC 352829)

사진 2-43 계속

마지막 사진은 모윤숙의 재연된 피신을 영화 필름으로 기록하고 있는 장면이다. 스틸사진병 행콕 일병이 영상팀의 반스(M. W. Barnes) 중사의 영화 촬영 현장을 포착한 것이다.

행콕이 캡션에서 설명한 장면의 줄거리는 다음과 같다.

# 1	농촌 아낙으로 위장한 모윤숙이 집에서 서둘러 빠져나와 숨을 장소를 찾고 있다.
# 2	모윤숙에게 피난처를 마련해 준 가난한 농민은 자신의 가족 하루 식사로 한 끼의 귀리죽밖에 없었다. 모윤숙은 농민의 가족과 아이들을 만났다. 그 농부는 기독교인이며, 20호 공동체의 반장이었다.
# 3	모윤숙은 정체를 숨기고 자신의 안전을 기도하면서 그 가족의 유일한 한 끼 식사인 귀리를 맷돌로 빻았다. 그녀는 발각되지 않도록 대부분 밤에 일했고, 주로 부엌의 벌레 많은 다락에서 시간을 보냈다.
# 4	장독들 사이에서 모윤숙이 귀리를 빻고 있다.
# 5	모윤숙은 위험을 무릅쓰고서라도 집 밖을 나가야 했을 때에는 정체를 숨기기 위해 소작농인 것처럼 감자보따리를 머리에 이고 나섰다.
# 6	은인인 그 농민의 집에 숨어 있는 동안 그녀의 집안일은 밥 먹기 위해 쌀을 준비하는 것도 포함되어 있었다.
# 7	도처에 공산주의자들이 있어서 밝은 대낮은 위험했다. 그래서 그녀는 종종 위장을 위해 아기를 업고 일을 했다.
# 8	공산주의자들을 피해 미천한 소작농 아낙으로 위장한 지명수배된 여자는 그녀를 숨겨 준 가족을 위한 쌀죽을 준비했다.
# 9	빨갱이들로부터 자신을 처음 숨겨 준 농민에게 결국 자신의 정체가 드러나자 모윤숙은 자신의 안위만큼이나 그 농민의 가족의 안전을 염려해 숨을 만한 다른 장소를 찾기로 결심했다. 그녀는 거친 산을 돌아다니며 쫓기는 짐승처럼 살 동굴로 갔다.
# 10	그녀의 집이 된 동굴에서 바람과 햇볕을 쐬는 것은 사치였다. 동굴 밖을 나서는 것은 포로가 되는 위험을 자초하는 것이었다.
# 11	모윤숙이 공산주의자들을 피해 숨어 있는 동굴 입구에 서 있다.
# 12	동굴 입구 근처에서 모윤숙이 먹기 위해 풀과 잡초를 모으고 있다.
# 13	그녀는 숨어 있는 동안 조국을 위해 자유의 전쟁을 수행하는 유엔 비행기를 찾기 위해 종종 하늘을 살폈다.
# 14	그녀는 먹고 살기 위해 가난한 농민에게 지신의 시계를 1달러에 싸게 팔았다.
# 15	그녀는 벼랑 끝 너머를 바라보면서 자살로 이 상황에서 벗어나는 것을 생각한다. 그러나 곧 뛰어내리지 않기로 결심했다.
# 16	그녀는 결국 자포자기 끝에 음독했다. 그녀는 죽음을 통해 평화의 약속을 지키고자 했다. 그러나 그 독은 치명적이지 않은 단지 강한 아편제였다.
# 17	자살 시도가 실패로 돌아가자 모윤숙은 달빛 속에서 자신을 구원해 줄 것을, 그리고 사람들에게 조국을 돌려줄 것을 기도했다.
# 18	한 농민이 모윤숙과 함께 3개월간의 공산주의 통치가 끝나고 서울이 해방되었다는 뉴스를 듣고 환호로 맞이한다.
# 19	그녀는 기쁜 소식을 듣고 나서 대한민국 국기가 여전히 휘날리는 언덕으로 올라가 기쁨의 눈물을 닦는다.

다음으로 167통신사진중대의 〈한국의 방첩대 활동〉을 살펴보자. 이 영화는 1950년 11월 4일 미 8군 배속 167통신사진중대가 GHQ-FEC 배속 71통신대 A중대 사진대의 주요 장교들이 배석한 가운데 '프로젝트 50-240'의 일환으로 촬영했다.

〈사진 2-44〉를 보면, 왼쪽부터 데일리(J. J. Daly) 대위, 셰이버(E. L. Scheiber) 소령, 허프(C. W. Huff) 대위가 촬영 현장을 지켜보며 상의하고 있다.[10] 이 영화의 주연은 〈사진 2-45〉와 〈사진 2-46〉을 보면 알 수 있듯이, 흥미롭게도 실제 인물인 육군 특무대[11] 김창룡 대령이다. 조감독은 홍성기가 맡았다(〈사진 2-46〉 중앙의 오른쪽 인물).

홍성기[12]는 한국 영화사에서 1950년대의 멜로영화의 거장으로 알려져 있지만, 한국전쟁과 그 직후 시기에는 군 정훈 조직의 군무원으로 전쟁영화, 반공영화 등을 만들었다. 현재 알려진 것 가운데 대표적인 것이 홍성기 감독이 신상옥 감독과 함께 공군정훈감실의 공군 촬영대에서 만든 〈출격명령〉(1954)이다. 그런데 이 사진을 보면, 1950년 11월에 홍성기가 미군 영상팀과 반공·방첩을 주제로 한 뉴스영화, 문화영화를 만들었음을 보여 준다.

캡션에 따르면, 이 영화는 북한군 포로 심문, 부역자 색출과 처벌 등 김창룡 방첩대의 맹활약을 담고 있다. 그런데 이때는 부역자 처벌의 광풍이 외신을 통해 국제적으로 알려지면서 세계적인 비난 여론이 형성되고 있던 시기였다. 이런 배경을 고려하면 이 영화가 뉴스영화나 문화영화로서 당시 방영되기에는 어려움이 컸을 것으로 보인다.

---

10 데일리와 허프 대위는 도쿄에서 온 GHQ-FEC 사진부 및 71통신대 A중대 사진대 소속 장교이고, 셰이버 소령은 GHQ-FEC 사진부와 미 8군, 그리고 167통신사진중대를 연결하는 미 8군 소속 사진장교다.

11 1950년 10월 21일 육군 정보국 제2과(방첩과)는 정보국에서 분리되어 직할부대인 특무부대로 독립했다.

12 홍성기는 만주 영화학원 연출과를 수료한 후 1946년에 귀국했다. 이후 고려영화사에서 최인규 감독의 조감독으로 활동했고, 한국 최초의 16밀리 컬러 극영화 〈여성일기〉(1949)로 감독 데뷔했다. 그는 〈실낙원의 별〉(1957), 〈별아 내 가슴에〉(1958) 등으로 1950년대를 대표하는 멜로영화의 거장이었다.

사진 2-44 영화 촬영을 지켜보는 데일리 대위, 셰이버 소령, 허프 대위(SC 352271)

사진 2-45 〈한국의 방첩대 활동〉을 촬영 중인 미군 영상팀(SC 352274)

사진 2-46 김창룡 대령과 홍성기 조감독(SC 352366)

이 사진들은 71통신대 A중대 소속 행콕 일병이 찍었다. 당시 스틸사진가와 영상사진가가 한 팀을 이루어 사진 활동을 했기 때문에 이 영화가 발굴되지 않았음에도 그 존재가 확인되고 있다.

167통신사진중대는 1951년 중반까지 한국에서 활동하다가 일본으로 철수했다. 그리고 그해 10월 16일 167통신대 전체가 해산되면서 사진중대의 인력과 장비는 71통신대 A중대 사진대로 흡수된 것으로 보인다. 그리고 1952년 9월 미 8군 예하 304통신대 산하에 사진소대가 설치되었을 때 71통신대 A중대 사진대의 인력이 재배치되었는데, 이렇게 보면 167통신사진중대의 조직과 활동이 304통신대 사진소대로 이어졌다고 이해할 수 있다.

〈표 2-2〉는 인천상륙작전 시기 전까지 전선과 후방에서 사진 활동을 했던 71통신대 A중대 사진대 소속 사진병들의 명단이다.

표 2-2 한국전쟁 초기(1950년 6~9월) 참전 사진병

	이름	비고
6월 25일 ~ 7월 5일	윈즐로(F. J. Winslow) 중위(KMAG)	
	턴불(C. R. Turnbull) 병장	
	댄젤(R. J. Dangel) 상병	50. 12. 브론즈스타메달
	행콕(R. L Hancock) 일병	50. 9. 말 상병 진급
		※이 시기의 현존하는 한국전쟁 사진 대부분을 찍음
7월	포터(R. L. Porter) 중위	미군정기 123통신사진파견대 대장 50. 10. 27. 대위 진급
	리마스터(A. E. Lemasters) 상병	50. 12. 브론즈스타메달
	버클리(D. P. Buckley) 일병	50. 9. 상병 진급
	카셀(L. L. Kassel) 일병	
	스튜어트(J. C. Stewart) 병장	
	릴리(C. Riley) 병장	1950. 9. 하사 진급
	쿤(Kuhn) 병장	
	로마노프스키(J. Romanowski) 상병	모션픽처 사진가
	롱(Long) 병장	
	웨스트(West) 일병	
	소라스(Sorace) 일병	51. 8. 24. 상병 진급
	기리드(R. J. Girard) 병장	50. 12. 브론스스타메날
	퍼햄(Perham) 대위	
	앤더슨(B. Anderson) 상병(KMAG)	
	셰프(J. Scheff) 병장	50. 8. 24. 하사 진급
	버틀러(Butler) 일병	
	크로(H. L. Crowe) 상병	
	마이어스(Meyers) 일병	
8월	던랩(B. E. Dunlap) 병장	
	소머스(Sommers) 상병	
	바이트너(Weidner) 일병	
	마르케스(E. A. Marques) 병장	
	베이츠(H. E. Bates) 상병	
	허치슨(Hutchison) 상병	
	구예트(A. E. Guyette) 병장	50. 9. 하사 진급
	플러머(E. W. Plummer) 중위	50. 12. 브론즈스타메달
	네비아(Nebbia) 일병	
	와이엇(N. Wyatt) 병장	
	워커(A. J. Walker) 소령	GHQ-FEC 통신국 사진부장
	잉그럼(Ingram) 상병	

표 2-2 계속

	이름	비고
8월	창(A. L. Chang) 하사 오브라이언(J. P. O'brien) 상병 네비아(J. Nebbia) 하사	
9월	웰스(Wells) 상병 모리스(V. L. Morris) 일병 너터(H. Nutter) 병장 멀린(F. Mullin) 일병 턴불(C. R. Turnbull) 병장 톰킨스(D. Topmkins) 상병 플린트(R. N. Flint) 대위 모시어(F. Mosier) 병장 클라인(A. Klein) 상병 파렐(E. W. Farrell) 상병 워시(J. Wash) 상병 타르(E. T. Tarr) 병장 마로타(T. Marotta) 상병 셰러드(A. D. Sherrod) 일병	

주제+사진이야기 ❶

정훈국 사진대의 활동과 시각

한국전쟁 발발을 전후해 한국군에는 미군 사진부대와 같은 체계적인 전문 조직과 기능, 인원, 활동이 없었다. 국방부 정훈국 보도과에 설치된 사진대가 당시로서는 유일한 군 사진조직이었다.

정훈국 사진대가 왜, 언제 설치되었는지 현재까지의 문헌자료로는 확인되지 않는다.* 디만 '정훈(政訓)'이 군인을 대상으로 한 사상(정신)교육, 선선전, 사상심리전을 의미하고, 군의 사진 활동이 기록 활동이면서 동시에 선전전과 심리전의 재료를 생산하는 것임을 감안할 때, 정훈국 안에 사진대가 설치된 것은 필연적이었을 것이다. 그리고 보도과 안에 사진대가 설치된 것은 군의 사진 활동이 민간의 보도사진 생산과 통제(검열)에 관여했음을 시사한다.

당시 사진대의 조직, 인원, 예산, 활동이 얼마나 실질적이었는지는 가늠할 수 없다. 사진대는 전쟁 전 명동 소재 국방부 정훈국 사무실에 보도과 한 귀퉁이의 책상 한두 개를 차지했던 것으로 보인다. 그리고 사진대장 임인식 중위(육사 8기)와 면면이 확인되지 않는 몇 명의 사진대원이 있었다. 그나마도 6월 28일 한강교의 폭파로 대원들은 서

---

* 『정훈대계』는 한국전쟁 직후 정훈국이 전시 체제로 재편되면서 보도과가 보도대(報道隊), 사진대(寫眞隊) 등으로 재편되었다고 서술하고 있다. 이를 토대로 생각해 보면, 전쟁 전 보도과 내 사진 기능의 조직명이 '사진대'가 아니었을 가능성도 있다. 평시 보도과 사진계에 사진장교와 사진병이 배속되어 있다가 전쟁 이후 독립적인 기동성을 위해 '대(隊)'로 재편되었을 것으로 보인다. '사진대'에 대한 임인식과 이경모 등의 기억에서는 이를 확인할 수가 없다.

울을 빠져나오지 못했다.

이렇게 보면, 전쟁 초기 사진대의 활동은 곧 임인식의 활동이었다고 할 수 있다. 임인식은 6월 25일 정훈국 보도과장의 지시로 "각 신문사의 출입기자들을 인솔하고" 문산 방면으로 나갔다가 도중에 1사단장 백선엽 대령을 만나 사단전방지휘소로 가서 대기했다. 그리고 국군이 적을 반격, 격퇴시켜 낙관적 상황이라는 백선엽의 말을 듣고 돌아와 국군 북상, 총반격이라는 호외와 방송을 내보냈다. 의도야 어떻든 간에 이 오보가 서울 시민들을 서울에 잔류시키는 결과를 초래한 것은 분명하다.

6월 29일 맥아더 총사령관의 한강 전선 시찰 장면, 한강교 폭파로 중간 지점의 철교 아치가 내려앉은 장면, 한강 이남 국군 방어선을 구축하는 국군과 피란 가는 민간인 등을 포착한 장면은 모두 그의 작품이다. 그리고 그는 7월 10일 충남 연기군 전의면 부근에서 파괴된 북한군의 T-34 탱크 잔해를 찍었다. 또한 그곳에서 그는 양손이 전깃줄로 묶인 채 총살된 미군 병사의 시신도 찍었는데, 이 사진은 AP통신 신화봉 기자를 통해 전 세계에 알려졌다. 이 사진은 〈인디애나폴리스 뉴스〉 1면에 "묶인 채 총살된 미군 병사"라는 제목으로 게재되었다. 이 사진은 전쟁의 참상과 사태의 심각함을 알리는 계기로 작용했을 것이다. 특히 미군 가족들에게 충격이 컸을 뿐만 아니라 미국 사회의 한국전쟁 이미지 형성에 크게 작용했을 것으로 보인다.

사진대는 8월 들어 부산에서 조직이 정비되고 인원과 장비를 보충받고 나서야 실질적으로 조직되었다. 김동식 상사가 선임하사관으로 사진대에 참여했고, 당대 유명한 민간 사진가들이 사진 문관으로 채용되었다. 예컨대 호남의 이경모, 대구의 최계복, 서울 시경 감식과 출신의 이건중이 그러했다. 이들은 라이카 3B와 3F, 그리고 개인 휴대용 보조카메라를 지니고 전선과 후방을 오가며 활발한 사진 활동을 했다. 낙동강 방어전, 인천상륙작전, '서울수복' 전투, '북진'과 관계된 수많은 전투사진을 생산했다. 현상 처리 불량으로 변질돼 폐기된 것도 적지 않았다.

이 사진들은 대여와 전시전 등을 통해 군인 및 민간인을 대상으로 한 교육과 선전에 주로 활용되었다. 현재 이 사진들은 사진 생산자가 표기되지 않은 공동의 익명 사진으로 남아 있다.

이 사진들의 시각은 미군 사진대가 생산한 사진의 시각과 비교할 때 어떤 특징이 있을까?

군의 사진 활동이 일차적으로 전쟁을 기록하는 것이라는 점에서 보면, 정훈국 사진

사진 ①-1 묵호진 항에서 사진 활동 중인 정훈국 사진 문관(SC 355115)

대원과 미군 사진병의 시각은 크게 다르지 않을 것이다. 다른 한편으로 군의 사진 활동은 사진에서 보이는 것들을 전쟁의 현실로 믿게 하고자 하는 심리전 활동의 맥락이 있다. 다시 말해 전쟁사진에는 연출된 특정 시각과 구도가 있다. 이러한 차원에서 보면 정훈국 사진대원의 시각은 미군 사진병의 그것과 분명 다르다.

정훈국 사진대원들은 말 그대로 민간에서 활동하던 사진가들이었다. 보도사진과 예술사진(살롱사진) 분야에서 사진 경력을 쌓았다. 그리고 이들은 한국인이었다. 한국인 민간 사진가 출신의 정훈국 사진 문관들이 외국인 전투사진가(combat photographer)의 시각과 다른 것은 당연하다. 대상의 선택과 그 대상을 사진적으로 표현하는 방법이 다를 수밖에 없는 것이다.

임인식과 이경모의 사진집이 참으로 주목된다. 군 사진장교, 사진문관으로서 찍은 사진들과 함께 별도의 보조카메라를 이용해 개인적으로 찍은 사진들이 묶여 있기 때문이다. 기록과 심리전 활동을 넘어서는 사진 활동의 차원이 엿보인다. 예컨대 한 연구자는 이경모의 사진을 두고 "비극적 사건을 바라보는 애잔함과 희생을 낳게 된 민족사적 갈등을 냉철한 관찰자의 시각으로 바라보는 사진가 고유의 시각이 묻어난다"고 평한 바 있다. 특히 민간인, 피란민, 폐허가 된 장소 등과 같은 피사체에 대한 시각이 그러했다. 그것은 분명 몇몇 미군 사진병들에게도 보이는 휴머니즘적 또는 인도주의적 시각과 또 다른 것이었다.

〈사진 ①-1〉을 보면 '정훈'이란 완장을 찬 한 사진 문관이 항구에서 바다 쪽을 바라보면 사진을 촬영하고 있다. 캡션에 따르면, 그는 한국군 1군단 정훈부 소속 강상우이고, 흥남에서 철수한 피란민들이 있는 묵호진 항을 찍고 있는 장면이다. 정훈국 사진대원은 아니지만, 사진 '문관'으로 채용된 사진가들의 복장과 모습이 이러했다.

임인식과 이경모 사진집에는 사진 장교로서, 사진 문관으로서 활동하는 자신의 모습을 찍은 사진들이 있다. 특히 대구에서 랜돌프 처칠(R. Churchil) 기자, 서울에서 모윤숙, 개성(내봉장)에서 북한군 병사와 함께 찍은 임인식의 사진은 정훈국 사진대의 장비와 모습을 잘 보여 준다. 판문점에서 찍은 단독사진을 보면 임인식이 보조카메라로 라이카 3F를 들고 다녔다는 것을 알 수 있다.

제3장

전쟁 초기 미군 사진병의 시각과 시선

사진은 그 어떤 매체보다도 시각적으로 대상을 직접 보여 줌으로써 사진에 담겨 있는 장면이 곧 진실이라고 믿게 하는 힘이 강하다. 이런 이유에서 사진은 '있는 그대로'의 현실을 보여 주는 것으로 간주되며, 역사적 사실을 증거하는 자료로 종종 활용된다.

그러나 동시에 사진은 전체 현실 중에서 특정 부분만 선택하여 보여 주는 것이기도 하다. 사진은 찍은 사람의 위치와 특정 시각을 반영하고 있기 때문이다. 시각은 관심과 '지향'에 의해 규정된다. 또한 그것은 보조장치에 의해 넓혀질 수도 있고, 좁혀질 수도 있다. '시각'은 '사각'과 함께 나타난다. 양자 모두 사진을 찍는 주체(사진가)의 위치에 따라 물리적 · 사회적으로 결정된다. 특히 전쟁사진은 사진을 찍는 주체의 위치가 전선(戰線)에 의해 제약되어 있다. 최전선에서 전투하고 있는 병사보다 사진을 찍는 주체가 더 적의 전면에 노출되는 일이 없지 않으며, 그것은 매우 위험한 것이다. 또한 사진의 시각은 물리적 차원뿐만 아니라 사회적 차원에 의해 제약된다. 사진 주체의 사회적 신분에 따라 접근할 수 있는 현실이 다르기 때문이다.

사람의 눈처럼, 카메라도 '사각(死角)'을 가지고 있고, 사각에 들어간 어떤 현실은 마치 존재하지 않았던 것처럼 감춰진다. 이런 점에서 사진은 현실을 보여 주면서 동시에 다른 현실은 보여 주지 않는 특성을 가진다고 말할 수 있다. 시각과 사각이 사진으로 재현되는 현실의 공간적 범위를 지칭한다면, 시선은 사진을 찍는 주체의 관심을 보다 명확하게 반영하고 있다. 특정 대상에 시선이 머물게 될 때 우리는 이를 '응시'라고 한다. 사진은 이런 응시의 산물이다.

사진이 보여 주는 '재현된 공간'에는 사진 주체의 관심을 표현하는 초점이 있으며, 이런 사진 주체의 관심과 초점이 되는 피사체는 시선으로 연결되어 있다. 우리는 사진 속에 나타난 피사체를 통하여 사진을 찍은 주체의 관심을 이해하게 된다. 그러나 종종 사진으로 재현된 현실에서 초점이 아닌 피사체가 중요한 정보를 제공하는 경우도 있다. 병사들의 전투를 중심으로 하여 전쟁이라는 사건의 전면과 후면의 현실을 기록하는 것이 전쟁사진의 목적이지만, 그 현실의 어떤 것은 시각화되고 어떤 것은 사각화되며, 한 장의 사진 속에는 사진가의 시선에 의해 포착된 초점이 있고, 의도하지 않았지만 부수적으로 포착된 주변의 정황들이 있다.

한국전쟁 사진에서 활동한 전쟁사진가들은 사진병과 민간 보도사진가들로 구분되는데, 특히 전자의 중심 피사체는 아군의 활동이다. 미군이나 한국군, 기타 유엔군의 장군, 장교, 사병을 대상으로 하여 다양한 상황에서, 예컨대 작전회의, 전투, 휴식, 식사, 훈장수여 등의 상황을 인물 중심으로 클로즈업한다. 물론 피사체가 인물이 아닌 사물인 경우도 많다. 기지 내 건물, 전력 · 통신 · 교통 · 항만시설, 무기체계, 수송과 보급, 다양한 작전의 결과 등을 포착한 것이 이에 해당한다.

예외적이지만, 피사체가 적군인 경우도 상당하다는 점에 주목할 필요가 있다. 이 경우 사진은 주로 적의 파괴행위, 특히 잔학행위의 결과들을 클로즈업한다. 미군 사진부대는 이러한 사진들을 많이 찍었고, 이에 대한 정보 및 내용 캡션을 상세히 달았다. 그러나 아군의 잔학행위 결과들은 미군의 전쟁사진에서 누락되어 있다. 예컨대 한국 군경에 의한 정치범 · 보도연맹원 · 부역자 학살이나 미군에 의한 대민(간지역) 폭격과 기총소사 등 유엔군의 잔학행위들은 사각에 속하기 때문이다. 사각 또한 사회적으로 결정되기도 한다. 사진을 찍는 것이 금지된 대상이 있고, 또한 사진을 찍었다고 하더라도 작전상, 또는 전략적으로 유통을 금지시키는 경우가 많다. 사진이 검열로 지워지고, 배포가 금지되는 것은 사회적 차원의 사각이 존재함을 보여 준다.

전쟁사진에서 군 못지않게 많이 등장하는 피사체가 전장의 주민들이다. 전쟁 초기 미군의 사진 속에서 한국인들은 대체로 피란민들로 포착되었는데, 의외로 전쟁과 무관한 듯 평온한 일상을 살아가는 (농촌·산촌) 주민들을 포착한 것도 많다. 이 한국인들을 담은 사진 속 미군 병사들의 시선은 매우 복잡하다. 예컨대 피란민의 경우 한편으로는 전쟁을 피해 이동하는 (비무장) 민간인이라는 시선과 무장을 은닉한 '불순분자' 또는 '게릴라'라는 시선 사이를 오간다. 농촌·산촌 주민들에 대한 시선 역시 비문명적이고 열악한 일상이라는 인종주의적 시선과 목가적이고 평온한 일상이라는 오리엔탈리즘적 시선이 복잡하게 섞여 있다.

이 장에서는 한국전쟁 초기 미군 사진병의 시각과 시선을 다룰 것이다. 구체적으로는 아군, 적군, 민간인에 대한 사진병의 시선을 그들이 생산한 전쟁사진 속 시각과 사각을 통해 분석할 것이다. 아울러 전쟁이 진행되면서 군의 공식 입장과 더 부합되는 사진병들의 시선 변화를 살펴볼 것이다.

1. 우리: 오합지졸과 용맹함의 대비

1) 참전과 전진(1950년 7월 초·중순)

군 공식전사와 일부 한국전쟁사 연구들은 이구동성 6월 25일 새벽 북한의 '전면 남침'과 허를 찔린 한국군 수뇌부라는 장면으로 한국전쟁에 대한 서술을 시작한다. 특히 숙취상태에서 전쟁을 맞이했던 한국군 수뇌부의 불가사의한 대응장면을 포착한다.[1] 채병덕 육군 총참모장은 6월 27일 아침 일찍 육군본부의 시흥으로의 철수를 결정했고, 서울시민에게 철수 사실을 극비에 부치도록 지시했다. 이뿐만 아니라 창동·미아리 전선에 '축차 투입'된 방어부대에 대한 수습책도 특별히 지시하지 않았다. 이런 상황에서 한국군 총사령관이 극비리에 준비한 것은 한강교 폭파였다. 폭파는 원래 27일 오후 4시에 예정되었다. 북한군(인민군)이 아직 수유리 북쪽에 있는 상황에서 왜 오후 4시인가도 미스터리지만, 무엇보다 육군 지휘부의 대다수가 폭파 계획을 모르고 있었다.[2] 이종찬 수도사단장과 미아리 방어전선의 지휘관들에게 전달되지 않았음은 물론이다. 그런데 이 폭파 계획은 미군의 참전 결정과 전방지휘소 설치가 확정되어 육군본부가 다시 서울로 돌아오게 되면서 취소되었다. 그러나 그날 바로 한국군의 미아리 방어전선이 붕괴되면서 채병덕 육군 총참모장은 다시 폭파 준비를 지시했고, 6월 28일 새벽 2시 30분 한강교(철교 3개, 인도교 1개)가 폭파되었다. 그 결과 아군의 퇴로가 차단되었고, 중화기 및 보급품이 고스란히 한강 이북에 남겨졌다(육군사관학교, 2005: 24). 군은 걷잡을 수 없이 붕괴되었고, 퇴로가 차단된 수많은 병사가 피란민 대열 속으로 사라져 버렸다(양영조, 2007: 181). 서울 북쪽 전선에 투입된 한국군 병력 9만 8,000명 가운데 약 2만 4,000명 만이 한강 이남으로 후퇴한 것으로 집계되었다(김동춘, 2000: 91).

후퇴했던 한국군과 경찰이 병력을 수습하고 한강 전선으로 투입되기 위해 수원역에 집결하는 사진은 이런 맥락에서 이해될 수 있다.

〈사진 3-1〉은 7월 1일 행콕 일병이 이를 포착한 것이다. 사진을 보면,

1 이것은 6월 24일에 남침 가능성이 제기되는 상황에서 육군장교 클럽의 개관식 파티를 심야까지 벌였던 육군 수뇌부의 이해할 수 없는 행태의 상징과도 같은 것이다.

2 이 폭파 계획은 명령 당사자인 채병덕 총참모장, 참모부장인 김백일 대령, 공병감인 최창식 대령과 엄홍섭 중령 등 폭파 집행 장교들만 알고 있었다.

군과 경찰, 민간인으로 보이는 사람들이 뒤섞인 채 수원역 앞 나무 그늘에서 쉬고 있으며, 일부 부상당한 병사가 누워 있다. 나무 뒤편으로 군경 병력들이 집결하고 있는 모습이 흐릿하게 보인다. 계속되는 패퇴로 정신없이 한강을 건너 겨우 수원에서 병력을 수습하는 상황으로 입을 다문 채 어딘가를 바라보는 이들의 모습에 약간의 피곤함은 묻어 있지만, 무기력감은 보이지 않는다. 그것은 이들이 미군의 신속한 참전 소식을 들었기 때문일 것이다. 한 병사가 사진 찍고 있는 행콕을 향해 보내는 눈빛도 그것을 확인하는 듯 보인다. 그럼에도 이들은, 행콕의 시선으로 볼 때, 오합지졸이었다. 군과 경찰, 민간인들이 어지럽게 뒤섞여 있고, 계통과 대오를 수습하고 북진하는 것이 아니라 급박한 전선 상황으로 닥치는 대로 북쪽의 전선으로 올려보내고 있기 때문이다.

〈사진 3-2〉에서 보이는 행콕의 시선도 '오합지졸 한국군'에 대한 시선이 투영된 것처럼 보인다. 시선이 모아지는 정중앙에 경찰서장으로 보이는 인물만이 거의 유일하게 사진 찍는 방향이 아닌 곳을 바라보고 있는데, 그 앞에 누군가의 가족으로 보이는 민간인들이 등을 돌려 앉아 있다. 행콕은 이 장면을 보면서 "동양에서 드문 일은 아니지만 일부(경찰)는 가족들을 동반하고 있다"는 캡션을 달았다. 이 사진의 앞뒤에서 연속되는 사진들과의 맥락에서 살펴볼 때 전선 투입을 위해 대기하고 있는 경찰들 가운데 누군가의 가족이 작별하고 있는 장면으로 추정된다. 〈사진 3-3〉은 그렇게 대기해 있던 경찰 병력이 화차에 승선하는 장면이다.

〈사진 3-4〉는 7월 7일 천안읍 사거리 교차로에서 미군(24사단 34연대 1대대 추정)과 한국군(7사단)이 교차하는 장면이다. 이 사진을 찍은 행콕 일병은 "미군과 한국군이 서로 반기고 있다"는 캡션을 달았지만, 자신만만하게 북상하는 미군 병사들과 궤멸에 가까운 패배를 당한 한국군 7사단 병사들의 대조적인 모습이 더 눈에 띄었을 것이다.

다음 사진들도 천안 근처에서 찍은 것으로 전선으로 향하는 한국군을 포착한 것이다. 〈사진 3-5〉는 행콕 일병이, 〈사진 3-6〉은 턴불 병장이 찍었다.

사진 3-1 수원역 앞에서 전선 투입을 위해 대기 휴식 중인 한국군과 경찰(SC 343051)

사진 3-2 전선 투입을 기다리는 한국 경찰(SC 343044)

사진 3-3 전선 투입을 위해 화차에 오르는 경찰(SC 343045)

사진 3-4 천안읍 사거리에서 교차하는 한국군과 미군(SC 342962)

사진 3-5 말을 타고 전선으로 향하는 한국군(SC 342975)

사진 3-6 전선으로 향하는 맨발의 한국군 병사(SC 342978)

그들의 시각에는 맨발로, 또는 말을 타고 전선으로 올라가는 한국군이 현대전의 무기로 무장해 대오를 갖추고 전선으로 이동하는 미군과는 대조적인 오합지졸로 보였을 것이다.

미군을 피사체로 찍은 사진들을 보면 이러한 시각은 더 극명하게 나타난다. 사진에 나타난 미군은 자신감이 넘치고 여유로우며, 한국군을 희망으로 웃음 짓게 하는 무기체계가 포착된다. 다음의 두 연속 사진이 이를 잘 포착하고 있다.

행콕 일병이 찍은 〈사진 3-7〉과 〈사진 3-8〉은 7월 6일 대전역에 도착한 34연대의 포병 주력 화기인 105밀리 곡사포의 이동을 한국군이 도와주고 있는 장면이다. 환하게 웃고 있는 한국군 병사들의 웃음에는 안도와 여유가 느껴진다. 미군의 참전이 본격화되었기 때문이다.

댄젤 상병이 찍은 〈사진 3-9〉와 〈사진 3-10〉의 시각도 같은 의도가 엿보인다. 대전역에 미 24사단의 장비와 화기들이 기차로 도착하고 있고 미군 병사들이 여유롭게 손을 흔들고 있다. 그리고 이를 한국군과 경찰, 민간인들이 흥미롭게 지켜보고 있다.

대부분 지프차와 트럭, 105밀리 곡사포와 개인화기 정도인데, 이를 최첨단의 무기 위용이라고 말하기에는 부끄럽지 않을까? 그럼에도 사진들을 보면 이상하리만큼 자신감과 여유가 느껴진다.

실제 이 시기 미군의 화기 준비 상태는 심각할 정도로 문제가 있었다. 중화기가 턱없이 부족한 것은 물론이고 발사되지 않는 소총과 자주 먹통이 되는 무전기 등 정상적인 전투를 수행할 수 없을 정도였다. 그럼에도 이토록 자신감이 넘친 것은 '치안활동'차 왔다는 안이한 태도와 인종주의적 교만함에 있었다. 한국 전선으로 급파되는 미 24사단에는 딘 소장을 비롯해 일부 유능하고 전투 경험이 풍부한 지휘관들도 있었지만, 대다수 병사는 20세 전후의 전쟁 경험이 전혀 없는 '초짜'들이었다. 그들은 주일미군으로 안락한 생활을 하다 한국 전선에 투입되었는데, 밑도 끝도 없는 군사적 우월함에 빠져 자신들을 보면 '훈련받은 원숭이들'(북한군)이 달아

사진 3-7 미군 무기의 하역과 전방 이동을 도와주는 한국군(SC 342948)

사진 3-8 미 포병의 주력 화기인 105밀리 곡사포를 이동시키는 한국군(SC 342950)

사진 3-9 대전역에 도착한 미 24사단(SC 343105)

사진 3-10 24사단의 대전역 도착을 구경하는 한국 군경과 민간인들(SC 343106)

날 것이라고 생각했다. 결국 미군의 자신감의 실체는 인종주의적 자만감이었다.

행콕 일병이 찍은 〈사진 3-11〉은 천안을 거쳐 전선으로 투입되는 미 24사단 34연대 병사들의 이동을 포착한 장면이다. 지척에 전투가 다가왔음에도 자신만만한 표정으로 전진하는 미군 병사들을 '구경'하는 듯 여유로운 한국인들의 표정도 흥미롭다.

다음 사진들은 그 이후 상황이다. 미군 병사들의 표정이 심상치 않다.

〈사진 3-12〉는 연전연패 후 평택을 적에게 빼앗기고 난 후 천안 방어를 위해 M2A1 브라우닝 기관총을 설치 · 위장하고 전투를 준비하고 있는 미군을 포착하고 있다. 〈사진 3-13〉에는 "지쳐 있는 병사들이 도로 한쪽에서 쉬고 있는"데, 캘리버 30과 카빈 M1, 박격포 등의 각종 중화기가 널브러져 있는 것이 눈에 띈다.

〈사진 3-14〉는 7월 17일 증원군인 미 1기병사단이 포항동에 상륙하

사진 3-11 전선으로 향하는 미 34연대(SC 342970)

는 장면으로 이들과 동행한 스튜어트 병장이 찍었다. 이 시기는 미 24사단의 대전 방어전이 격렬하게 진행되고 있던 때로, 성공적인 방어가 목적이 아니라 증원군인 1기병사단과 25사단의 전선 투입 시간을 벌어 주기 위해 최대한 희생하면서 버티는 것을 목적으로 '혈전'을 벌이고 있던 때였다. 그런 절박함을 모르는지 해를 등지고 상륙하는 병사들의 모습과 길게 드리워진 그림자를 포착한 스튜어트의 시각에는 희망적인 느낌이 강하다.

한국전쟁은 미군이 총력을 다해 치른 전쟁이었다. 참전 초기부터 미군의 최고 지휘관들이 한국 전선을 방문했고, 미군 사진병은 이들의 움직임을 가까운 거리에서 찍었다.

〈사진 3-15〉는 7월 7일 대전비행장에 도착한 미 8군 사령관 워커 중장과 24사단장 딘 소장이 마중 나간 장면을 포착한 것이다. 무초 주한 미대사와 함께 전황을 살펴본 이들은 이때까지만 해도 오래지 않아 전세를

사진 3-12 천안 방어전을 위해 기관총을 위장 설치하는 미군(SC 342993)

사진 3-13 길가에서 휴식 중인 미군(SC 342996)

사진 3-14 포항동 해변에 상륙하는 미 1기병사단(SC 343661)

사진 3-15 워커 중장과 딘 소장(SC 342954)

사진 3-16 제5공군 사령관 패트리지 소장과 워커 중장(SC 343227)

역전할 수 있을 것이라는 근거 없는 오판을 하고 있었다. 〈사진 3-16〉은 7월 14일 제5공군 사령관 패트리지(E. E. Partridge) 소장과 워커 중장이 대전비행장에 도착하는 장면을 찍은 것이다. 두 사진 모두 턴불 병장이 촬영했다.

〈사진 3-17〉은 7월 13일 미 공군참모총장 반덴버그(H. S. Vandenberg) 장군이 비행장에 도착한 장면이다. 이들은 전쟁 직후부터 개시된 북한에 대한 전략-지역폭격과 남한에서의 전술-지역폭격의 최고 명령권자였다. 〈사진 3-18〉은 워커 중장, 딘 소장과 함께 미 육군참모총장 콜린스(J. L. Collins) 장군이 전황을 논의하고 있다. 7월 13일 한국 전선을 직접 살펴보기 위해서 미군 최고 수뇌부인 육군참모총장과 공군참모총장이 함께 한국 전선에 방문한 것을 로마노프스키(J. Romanowski) 상병이 포착한 것이다.

한국전쟁은 개전 초기부터 미군이 유엔의 이름으로 치른 전쟁이기도 했다. 버클리 일병이 찍은 〈사진 3-19〉는 7월 21일 워커 중장이 대구의 미8군 사령부에서 유엔 사무총장 트리그브 할브란 리의 대리인인 카친(A. G. Katzin)으로부터 유엔기를 전달받고 있으며, 그 옆을 무초 미대사가 지켜보고 있다.

〈사진 3-20〉은 7월 26일 주한 제5공군 사령부가 위치한 대구비행장에서 맥아더 사령관이 기자회견 한 장면을 행콕 일병이 연이어 찍은 사진 가운데 하나다. 맥아더 총사령관이 왜 이 시점에 재차 방문했는지는 분명하다. 연전연패와 기나긴 후퇴로 지친 미군의 사기를 북돋는 한편, 낙동강 방어선을 구축해 한국을 지키겠다는 메시지를 한국정부에게 보내고 있다. 이 사진은 특히 상징적인데, 맥아더 총사령관이 기자들 앞에서 한국을 대표해 배웅 나온 국무총리(서리) 겸 국방부장관 신성모를 직접 위로하는 장면을 연출하고 있다.

사진 3-17 미 공군참모총장 반덴버그 장군(SC 343383)

사진 3-18 워커 중장, 딘 소장, 미 육군참모총장 콜린스 장군(SC 343381)

사진 3-19 유엔기를 전달받는 워커 중장(SC 343993)

사진 3-20 신성모를 위로하는 맥아더 총사령관(SC 344436)

2) '작전상 파괴'와 '기나긴 후퇴': 미군의 지연전(7월 말)

34연대가 천안에서 크게 패했지만, 24사단장 딘 소장은 공주와 대평리를 잇는 금강 방어선을 구축하고 '결전 방어'를 시도했다. 이를 위해 우선 금강교를 폭파했다.

〈사진 3-22〉는 7월 13일 턴불 병장이 찍은 금강교 폭파 장면이다. 사진에서 확인할 수 있듯이, 이미 부분적으로 파괴된 금강교를 재차 파괴하고 있다. 공주 방면 금강 방어는 미 34연대가 맡았고, 대평리 방면은 미 21연대와 19연대가 번갈아 맡았다. 방어전을 위해 곡사포, 박격포, 바주카포, M-24 경탱크, 기관총 등 동원 가능한 중화기가 동원되었다. 〈사진 3-23〉은 자주식 고사포가 금강을 향하고 있는 모습을 포착하고 있다.

그러나 결전 방어선은 얼마가지 않아 무너졌다. 다음날인 14일에 공주 방어선이 무너져 34연대가 후퇴했고, 16일 대평리 방어선이 뚫리면서 19연대가 후퇴했다. 금강 방어선을 구축한 지 단 4일 만에 무너진 것이다. 이에 딘 소장은 작전을 변경해 결전 방어를 포기하고 경부축선을 따라 싸우면서 후퇴하는 축차지연전을 펴기로 결정했다. 이에 따라 21연대는 대전에서 옥천에 이르는 모든 도로의 교량과 터널을 폭파해 내려가면서 옥천 마달령에 지연진지를 구축하도록 했고, 19연대는 영동에 진지를 구축하도록 했다. 그리고 이미 큰 타격을 입은 34연대 잔여 병력만을 가지고 대전에서의 지연전을 수행하도록 했다. '작전상 파괴'와 '기나긴 후퇴'의 시작이었다.

다음 사진들은 대전에서의 처절한 지연전을 단적으로 보여 준다. 딘 소장은 2개 대대 규모에 불과한 34연대 병력만으로 7월 17~20일간 적 3개 사단의 집중 공격을 방어했다.

〈사진 3-24〉는 대전전투 마지막 날 시가지 전투가 격렬하게 벌어졌던 거리를 턴불 병장이 포착한 장면이다. 사진 정중앙의 소실점 부분에 자욱한 먼지를 빼면, 인적이 없고 고요해 보여서 이 사진이 과연 시가지 전투

사진 3-21 금강교 폭파를 준비하는 미군(SC 343416)

사진 3-22 금강 방어선 구축을 위한 금강교 폭파(SC 343417)

사진 3-23 금강 방어선을 구축하는 미군(SC 343457)

사진 3-24 대전 시가지 전투가 한창인 텅 빈 거리(SC 343818)

사진 3-25 적에게 함락되어 불타는 대전(SC 344281)

중 찍은 사진인가 의심스러울 정도로 정적이다. 그러나 곧바로 한 미군 병사가 철모도 벗어버린 급박한 상황에서 무거운 브라우닝 기관총을 들고 적을 향해 뿜어댔다(〈사진 2-17〉 참조). 이 사진을 찍은 턴불 병장 역시 생사의 갈림길에 서 있었을 것이다. 〈사진 3-25〉는 적에게 함락된 대전이 불타고 있는 광경이다.

대전 전투는 아군에게는 절망을, 적군에게는 환희를 안겨 준 듯하다. 북한은 전쟁이 끝난 후 곧바로 '조국해방전쟁승리기념관'을 만들었고, 1974년 이를 이전하면서 대규모로 조성했는데, 이때 '대전해방전투'를 보여 주는 전경화관을 설치하였다.

다음의 두 사진은 7월 20일 대전 근처 전선에서 전투 장면이다.

〈사진 3-26〉의 바주카포는 3.5인치 신형 로켓포(일명 '슈퍼바주카')로 적의 T-34 탱크를 잡기 위해 공수된 것으로 대전 전투에서부터 실전 배치되었다. 〈사진 3-27〉은 대전에서의 미군 퇴로를 엄호하기 위해 적이 내려

사진 3-26 '슈퍼바주카'의 실전 배치(SC 343802)

다보이는 위치에 브라우닝 기관총을 설치하고 대기해 있는 장면을 포착한 것이다.

다음의 사진들은 '기나긴 후퇴'와 지연전을 보여 준다. 7월 20일 게이 소장의 1기병사단은 충북 영동지역에 긴급히 방어선을 구축했다.

〈사진 3-28〉은 7월 24일 어떤 읍내(예천군으로 추정)의 신작로에서 포착된 장면이다. 탱크에 탑승한 것으로 보이는 사진병의 시선은 마주 오는 3명의 민간인을 향해 있다. 갓을 쓴 노인들이 지팡이를 짚고 도포자락을 휘날리며 가고 있는 풍경은 푸른 눈의 이방인에게는 매우 낯선 장면이었을 것이다.

〈사진 3-29〉는 행콕 일병이 7월 24일 미 1기병사단의 병사들이 적과 교전하고 있는 장면을 찍은 것이다. 당시 1기병사단의 휘하에는 5, 7, 8기병연대가 있었는데, 이들 역시 미 24사단과 마찬가지로 적의 강력한 공세에 부딪혀 공황상태에 빠졌다(최상훈 외, 2003). 이런 상태에서 '흰옷 입은

사진 3-27 미군 퇴로의 엄호를 위해 기관총을 설치하고 대기 중인 병사들(SC 343798)

사진 3-28 미군 탱크 옆으로 지나가는 갓과 도포 차림의 노인들(SC 344016)

사진 3-29 영동에서 적과 교전 중인 미 1기병사단(SC 344079)

사람들'이 민간인·피란민을 가장한 게릴라들이며, 전황이 이렇게 악화된 데에는 이들의 아군 전선 침투가 주요 원인이라는 인식이 미군 지휘부뿐만 아니라 병사들에게도 팽배해졌다.

'노근리사건'은 그렇게 발생했다. 1기병사단의 피란민 통제 정책으로 살 길을 찾아 산속 깊은 마을인 임계리로 피란을 갔던 주곡리 주민들이 소개되어 길가에 나왔지만, 그 와중에 소개시킨 미군은 사라졌고, 피란민들은 황간을 향해 남쪽으로 이동했다. 그 과정에서 미 공군의 기총소사와 폭격을 당했고, 그 후 전투에서 패한 7기병연대 소속 부대를 만났고, 그 결과는 남녀노소 무리의 민간인 피란민에 대한 일방적 학살이었다.

〈사진 3-30〉은 영동에서 후퇴한 미 1기병사단이 7월 29일 방어선을 구축하기 위해 김천 근방으로 후퇴하고 있는 장면이다. 사진의 구도가 대오를 갖춘 병사들의 역동적인 이동을 부각시키고 있다. 그래서인지 후퇴가 아닌 전진하는 사진으로도 보일 만큼 사기가 크게 떨어져 보이지 않는다.

사진 3-30 김천 근방으로 후퇴하는 미 1기병사단(SC 344578)

사진 3-31 의령을 통과해 후퇴하는 미 24사단 19연대(SC 344921)

비슷한 시기에 미 25사단도 상주에서 김천으로 후퇴했다. 당시 미군은 영동에서부터 지연전을 수행하고 낙동강으로 후퇴하면서 영동, 상주, 김천, 왜관에서 소개령을 내렸다. 미군은 마을과 눈에 띄는 모든 것들을 초토화하라는 명령을 받았던 때였다. 인구 약 5만 명의 김천은 8월 2일 1기병사단 공병대가 불태웠는데, 밤에 그 불길이 몇 킬로미터 떨어진 곳에서도 보일 정도였다(최상훈 외, 2003: 195). 남은 것은 낙동강 방어선 안으로 철수하는 미군, 한국군과 피란민 대열이었다.

〈사진 3-31〉은 7월 31일 미 24사단 19연대 병사들이 진주에서 후퇴해 의령을 통과하고 있는 장면을 포착한 것이다. 7월 말 적의 최정예사단인 방호산의 6사단이 호남지역을 돌아 낙동강 방어선의 서측방으로 침투해 들어오자 워커 중장이 왜관에서 잔존 병력을 수습하고 있던 24사단을 긴급 호출해 전선으로 내몰았다. 미 25사단을 대구 북부 전선에서 마산으로 재배치할 시간을 벌기 위해서였다. 그래서일까? 차량에 탑승한 병사들의 표정이 매우 지쳐 보인다. 흥미로운 것은 후퇴하는 19연대 차량 행렬과 구경하는 의령 주민들이 뒤섞여 있다는 점이다.

3) 일진일퇴의 총력전: 낙동강 방어전선(8월)

8월 초 미군은 대구를 중심으로 낙동강을 따라 크게 반원을 그리는 방어선(낙동강 하구에서 마산을 잇는 궁형 방어선)을 구축했다.

이 방어전 준비의 정점은 낙동강을 건너는 두 다리의 폭파였다. 하나는 칠곡군 왜관읍에 위치한 왜관교였고, 다른 하나는 고령군 성산면 득성리에 위치한 득성교였다. 미 8군 사령부는 8월 3일까지 모든 부대에게 낙동강을 건너 철수하도록 하고, 적의 도강을 막기 위해 다리들을 폭파할 것을 명령했다. 14공병대대가 득성교 폭파 임무를 맡았다. 미 25사단 24연대와 한국군 17연대가 다리를 건너 철수를 완료했지만, 약 200m 길이의 다리에는 피란민들이 계속 건너오고 있었다. 이런 상황에서 오전 7시 01분 다리가 폭파되었고, 다리 위에 있던 수백 명의 피란민이 죽었다. 북한군은 아직 득성교 강가에 도달하지 않았던 때였다. 득성교 40km 상류에 있던 왜관교는 8공병대대가 폭파를 준비했고, 그때까지도 아직 폭파되지 않은 상태였다. 8월 3일 해가 저물 때까지도 1기병사단의 도강이 진행되고 있었다. 철수가 완료되자 게이(H. R. Gay) 사단장은 부대의 후위를 좇아 다리로 밀려드는 수천 명의 피란민을 저지하고 다리를 폭파할 것을 명령했다. 그러나 피란민들도 필사적이었다. 결국 게이 사단장의 폭파 명령에 수백 명의 피란민이 폭사당했다. 게이 소장은 『낙동에서 압록까지(*South to the Naktong, North to the Yalu*)』의 저자인 애플만(R. E. Appleman)과 교환한 서신에서 "벌써 어둑어둑했다. 다른 수가 없었다. 다리 폭파 명령을 내렸다. 어려운 결정이었다. 폭파 때 다리와 함께 수백 명의 피란민이 하늘로 치솟았다"고 회고한 바 있는데, 득성교와 마찬가지로 폭파 시기가 너무 빨랐다. 북한군의 주력부대가 적어도 24km는 떨어져 있을 때였다(강성현, 2010: 159).

〈사진 3-32〉는 8월 2일 14공병대대 A중대가 득성교 폭파를 준비하고 있다. 사진에는 'RESTRICTED' 'SECURITY INFORMATION'이라는 스탬프가 찍혀 있고, 그 위로 줄이 그어져 있다. 이 사진은 자체 검열에

지도 3-1 낙동강 방어전(Appleman, 1961)

서 기밀로 묶였고, 이후 해제된 것이다. 수많은 교량 폭파 장면의 사진은 괜찮은데, 득성교와 왜관교 폭파 준비 사진은 기밀로 취급된 이유는 무엇일까? 혹시 작전상의 이유 외에 다리 폭파 때문에 피란민 폭사 사건의 책임 문제를 은폐하려 했던 것은 아닐까.

사진 3-32 낙동강 방어전을 위해 득성교 폭파를 준비하는 미 공병대(SC 345034)

〈사진 3-33〉도 같은 맥락에서 이해할 필요가 있다. 8월 15일 마산 근처의 한 민간 마을이 불타고 있다. 피란을 떠난 이 마을 주민들 사이에 게릴라들이 위장 침투해 돌아오는 것을 막기 위해서 작전상 초토화 작전을 벌인 것이다. 미군은 이미 낙동강 방어선으로 후퇴하면서 영동, 상주, 김천, 왜관 등지에서 소개령을 내리고 마을을 초토화한 바 있었다. 마산 근처의 마을도 같은 이유에서 불태우고 있는 것이다. 원경으로 찍힌 이 사진이 왜 공개가 제한된 것일까? 이 작전은 분명 민간에 적지 않은 피해를 끼치는 것이었고, 그래서 이 장면을 포착한 사진이 자체 검열되고 있다고 판단된다.

〈사진 3-34〉는 미 해군 순양함 톨레도가 동해안의 북한군을 향해 함포 사격을 가하고 있는 모습이다. 이 시기에 미 해군 주도의 유엔해군은 북한의 일체 해상활동을 봉쇄하고, 동해안 일대의 철도, 다리 등을 공격하여 공급로를 차단하는 작전을 수행하는 한편, 함포 사격을 통한 지상군 근접지원작전도 수

사진 3-33 초토화작전으로 불타는 마산 근처의 한 마을(SC 346459)

행했다. 영덕에서부터 포항에 이르는 수많은 함포 사격을 통한 지상군 지원 작전은 큰 성과를 내기도 했다. 그러나 동시에 수많은 민간인 피해도 발생시켰다. 구체적인 사례로 9월 1일 미 해군 순양함 헬레나 호는 포항 환여동 앞바다에서 지상군 지원 작전을 펼치는 중 미 육군에게 전달받은 공격 목표가 며칠째 자신들을 지켜보고 있던 해변의 피란민들이라는 사실을 알고 있었음에도 미 육군의 지시에 따라 함포 사격을 가했다. 이로 인해 여성과 노인, 아이 등 수백 명의 민간인이 죽었다(진실·화해를 위한 과거사정리위원회, 2010: 191).

다음의 사진들은 낙동강 방어전을 치르고 있는 미군의 모습이다. 낙동강 방어전에서는 강을 사이로 포격전이 격렬하게 진행되었고, 탱크전과 보병전이 일진일퇴를 거듭하며 반복되었다. 낙동강 방어전선은 유엔군과 북한군의 병력과 물자가 총동원되었던 만큼 전쟁 스펙터클이 엄청난 전장 가운데 하나였다.

사진 3-34 동해안에서 함포 사격 중인 미 해군 순양함(SC 346622)

〈사진 3-35〉는 낙동강 건너 적 위치로 60밀리 박격포를 퍼붓고 있는 장면을 포착한 것이다. 이 포격으로 창녕 서편의 낙동강 도하를 시도하고 있는 16척 적의 배가 큰 타격을 입었다. 〈사진 3-36〉은 영산 서쪽 낙동강과 남강이 합류하는 교차 지점에 있는 적을 향해 105밀리 곡사포 포격을 준비하고 있는 장면이다.

〈사진 3-37〉은 낙동강 도하를 시도하고 있는 적을 향해 작전 중인 미군의 M26 퍼싱탱크가 위로 솟구쳐 올라오고 있는 역동적 모습을 찍은 것이다. 낙동강 방어전에서 이 탱크의 등장은 큰 의미가 있다. 전투에서 적의 일방적 우위를 가능하게 했던 T34 탱크가 사실상 무력화되었기 때문이다. 지연전 시기 동안 미군의 경탱크 M24 채피는 T34 탱크를 보기만 해도 꽁무니를 뺐기 때문에 탱크전을 포함해 주요 전투에서 힘이 되지 못했다. 그러나 부산에 들어온 해병 1여단 예하 전차부대의 M26 퍼싱탱크와 M4A3E8 셔먼탱크가 배치되면서 상황이 바뀌기 시작했다. 사천지구 오봉리 고지 전투는 T34 탱크의 무적신화가 M26 퍼싱탱크에 의해 깨진 상징적 전투였다. 그래서일까? 미군의 전쟁사진에는 유독 M26 퍼싱탱크의 작전 수행을 역동적으로 포착하는 장면이 많다. 이후 미 본토에서 M26 퍼싱탱크를 개조해 더 우수한 M46 패튼탱크가 실전에 배치되었음에도 사진병의 피사체로서는 M26 퍼싱탱크가 더욱 매력적이었던 것 같다.

〈사진 3-38〉은 작전 중인 미 해병 병사들이 파괴된 채 길에 방치된 2개의 적 탱크 옆을 지나치고 있는 장면이다. 일부 병사들이 T34 탱크를 상대할 수 있는 3.5인치 바주카포를 어깨에 메고 행군하고 있다. 그리고 2명의 한국인이 적 전사자를 수습하고 쓸 만한 것들을 옮기고 있다. 한때 공포 그 자체였던 적의 T34 탱크와 이를 파괴할 수 있는 미군의 신형 슈퍼바주카포를 대비시킨 시각이 매우 인상적이다.

낙동강 방어전 시기 사진병은 무기체계와 작전 수행, 전투 장면뿐만 아니라 병사들의 일상을 포착하고자 했다. 다음의 사진들은 아주 잠깐의 휴식을 취하고 있는 병사들을 흥미롭게 보여 주고 있다.

사진 3-35 60밀리 박격포를 발포하는 미군(SC 347797)

사진 3-36 105밀리 곡사포 포격을 준비하는 미군(SC 347881)

사진 3-37 낙동강 방어전에 투입된 미 M26 퍼싱탱크(SC 347856)

사진 3-38 파괴된 T34 탱크를 지나치는 미 해병대(MC A-1337)

사진 3-39 신문을 읽으며 휴식 중인 흑인 미군 병사(SC 345417)

사진 3-40 잡지를 읽으며 휴식 중인 미군 병사(SC 346281)

〈사진 3-39〉는 8월 9일 25사단 24연대 버펄로 연대[3] 소속 흑인 병사가 점심식사 후 신문 『성조(*Stars and Stripes*)』를 읽으며 휴식을 취하고 있다. 〈사진 3-40〉은 한 병사가 M1 소총을 옆에 세워 놓고 잡지 『타임(*Time*)』을 읽으며 휴식 중인 장면을 포착한 것이다. 피곤한 발을 물에 담그고 쉬고 있는데, 그 용기가 헬멧인 점이 사진병의 시선을 끌었던 모양이다. 사진가 시선의 의도와 달리 이 사진들은 당시 미군 병사들이 구독했던 신문과 잡지를 보여주고 있다. 사진들은 종종 사진을 찍은 사진가의 의도 외에 배경에 담긴 중요한 정보를 제공하기도 한다. 이것이 문자 자료와 시각 자료의 중요한 차이기도 하다.

다음 두 장의 사진에는 병사들의 웃음과 슬픔이 담겨 있다.

---

3 이 부대는 연대장만 이름처럼 백인(화이트 중령)이었고, 나머지는 전부 흑인들로 구성되었다.

사진 3-41 버려진 한 민가에서 수박을 먹으며 휴식 중인 미군 병사들(SC 346275)

〈사진 3-41〉은 네비아(Nebbia) 일병이 8월 19일 25사단 병사들이 버려진 한 민가에서 수박을 먹으며 짧게 휴식을 취하고 있는 상황을 찍은 것이다. 그 가운데 한 병사가 갓을 쓴 채 뒷짐 진 모습을 흉내 내고 있고, 이를 본 병사들이 즐거워하고 있다. 한국인들의 의복과 몸짓이 이들에게 흥밋거리였다는 점이 사진을 통해 잘 드러난다.

〈사진 3-42〉는 71통신대 A중대 사진대 소속 창(A. L. Chang) 중사가 찍은 사진으로, 학동리 전투 중 친한 전우를 잃은 한 병사가 비탄에 빠진 것을 다른 병사가 위로하고 있는 장면이다. 뒤편에 전사자 이름표를 작성하고 있는 위생병의 모습이 겹쳐지면서 더욱 슬픈 장면을 자아내고 있다.

한편 한국군도 중부전선과 동부전선에서 지연전을 수행하며 낙동강 방어선으로 후퇴했다. 7월 말 낙동리를 기준으로 영덕에 이르는 횡축 방어선은 국군 1사단, 6사단, 8사단, 수도사단, 3사단이 맡고 있었다. 그리고 8월 들어 횡축 방어선은 왜관을 기준으로 포항에 이르는 방어선으로 후퇴했고,

사진 3-42 학동리 전투에서 전우를 잃고 비탄에 빠진 병사를 위로하는 미군 병사 (SC 347803)

사진 3-43 영덕 방어전에 투입된 한국군 병사가 사진 촬영을 위해 포즈를 취한 모습 (SC 345345)

사진 3-44 영덕 방어전에서 야간전투를 벌인 한국군 병사들의 휴식(SC 345346)

각 사단은 일진일퇴의 낙동강 방어전을 치르고 있었다.

다음 사진들은 릴리(C. Riley) 병장이 찍은 것으로, 영덕과 포항을 방어하고 있던 3사단 한국군 병사들의 모습을 포착하고 있다. 7월 29일 영덕 전선에서 밤새 야간전투를 벌인 한국군 병사들이 잠시 쉬면서 개인화기를 정비하고 있는 모습을 포착하고 있다. 〈사진 3-43〉은 '설정사진'이었을 것이다. 두 국군 병사가 한 곳을 응시하면서 카빈총을 짚고 포즈를 취한 모습은 늠름한 이미지를 연출하려는 릴리 병장의 시각이 그대로 보인다. 〈사진 3-44〉도 그러한데, 릴리 병장이 이때 찍은 다른 사진들은 밤새 계속된 전투에 지친 병사들이 널브러진 채 자고 있는데, 유독 이 사진만 자지 않고 개인화기를 정비하고 있으며, 특히 태극기를 두건으로 두른 한 병사가 망원경으로 어딘가를 바라보는 모습은 다소 작위적으로 느껴진다.

〈사진 3-45〉도 릴리 병장이 같은 날 찍은 사진이다. 전형적인 원근법 구도로 한국군 병사 2명이 걸어오고 있는 장면을 찍은 것이다. 군복을 입은

사진 3-45 부상을 입은 채 남쪽으로 걸어가는 한국군 병사들(SC 345365)

사진 3-46 미군이 수복한 포항으로 귀환하다가 한국군 병사를 만난 피란민 여성들(SC 346848)

병사는 다리에 총상을 입어 절뚝거리며 지팡이에 몸을 의지하고 있고, 그 옆 민간인 복장을 한 동료는 탄창벨트를 매고 걸어오고 있다. 얼핏 낙오병으로 보이지만, 눈빛이 매섭게 살아 있다.

〈사진 3-46〉은 주한미군사고문단 사진장교 윈즐로 중위가 8월 22일 찍은 사진으로, 미군이 수복한 포항으로 돌아가는 세 피란민이라는 캡션이 달려 있다. 사진을 자세히 들여다보면 태극기를 어깨에 멘 한 병사가 손으로 어딘가를 가리키고 있고, 세 여성이 가리키는 방향을 보지 않고 병사를 향해 미소를 짓고 있다. 포항에서 피란 나온 세 여성이 집으로 돌아갈 수 있다는 소식에 기뻐하고 있는 듯 보인다. 군이 민간을 보호하고 좋은 소식을 들려 주는 그림, 우리가 통념상 생각하는 전쟁 중 군과 민간의 관계는 이런 모습이 아닐까? 한국전쟁 초기 자국민 학살로 얼룩졌던 상황을 생각할 때 이 사진에 묻어나오는 윈즐로 중위의 시선은 역설적으로 시사적이다.

4) 전쟁 스펙터클의 절정과 승리의 기록: 인천상륙과 서울수복(9월 말~10월)

9월 9일 맥아더의 인천상륙작전이 트루먼 대통령의 재가를 받아 승인되었다. 인천상륙작전을 위해 제7함대가 투입되었고, 상륙 부대는 미 해병 1사단, 7사단, 한국군 17연대와 해병대였다. 총 260척의 함정이 동원되었다. 9월 15일 새벽 해병 5연대 3대대가 월미도(녹색해안)에 상륙했고, 늦은 오후 5연대와 1연대가 각각 인천 전면 방파제인 적색해안과 인천 남쪽 긴 방파제가 있는 청색해안에 상륙했다.

제2차 세계대전 노르망디 상륙작전에 이은 최대의 상륙작전이었던 만큼 수많은 사진병과 민간의 전쟁사진가들이 작전에 참여했다. 미 공군, 해군, 해병, 육군의 사진병들이 전부 사진 활동에 참여한 최초의 작전이었다. 그런 만큼 인천상륙작전의 사진은 전쟁 스펙터클의 백미라 할 수 있다.

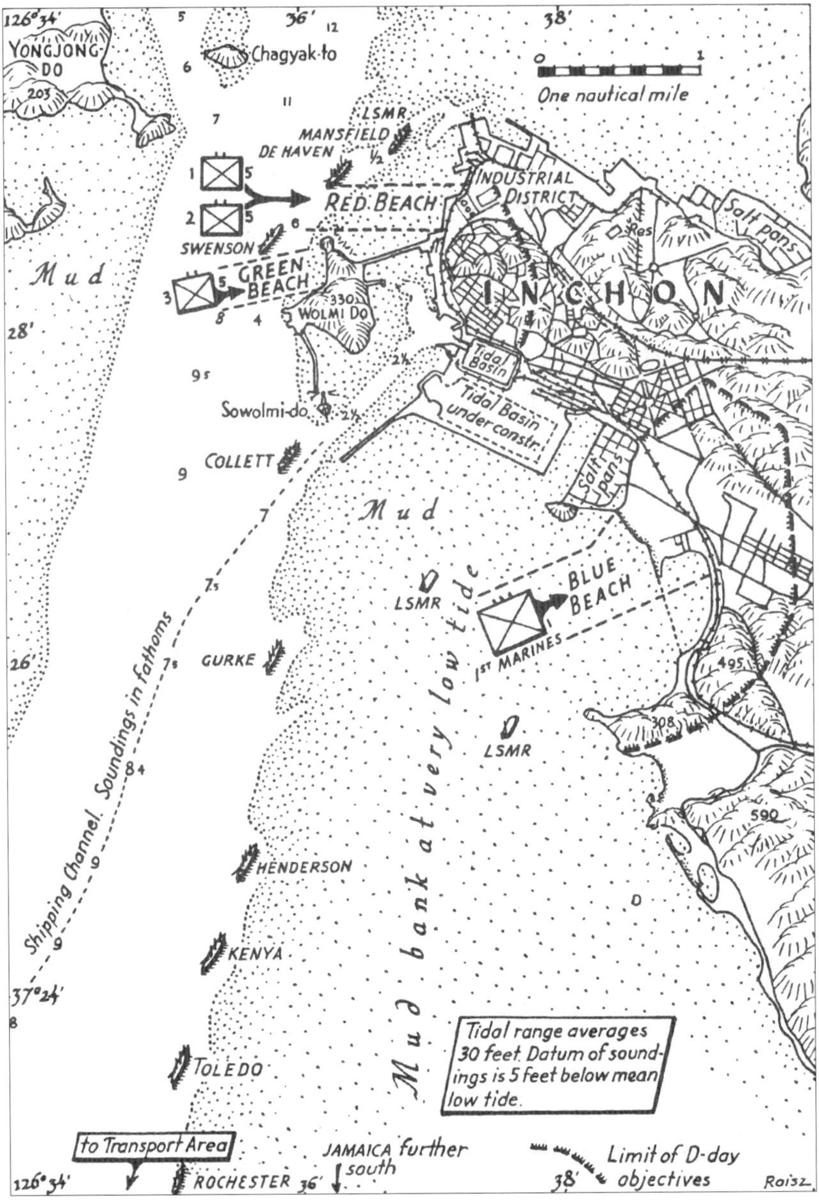

지도 3-2 인천상륙작전(Field, Jr., 1962)

다음 사진은 육군 사진병이 찍은 사진들이다. 인천상륙작전의 사진들을 보면, 사진 생산 주체에 따라 저마다 특징이 있다. 공군 사진병은 기본적으로 하늘에서 내려다보고 작전 대상이나 진행의 전체 상황을 조감하는 시각을 가지고 있다. 3개의 해안을 향해 새까맣게 몰려 있는 함정들과 여기저기 치솟는 연기, 원거리에서 포착한 상륙작전의 모습, 공군기의 지원작전 등을 포착한 사진들이 대체로 그렇다. 해군 사진병은 함대를 중심으로 해수면에 수평적인 시각으로 큰 규모의 상륙작전을 포착한다. 해병 사진병은 상륙하는 해병의 뒤와 옆에서 역동적인 상륙 모습과 진지를 점령해 가는 과정을 포착한다. 이와 비교하면 육군 사진병의 사진들은 대체로 정적이다. 피사체가 인물일 경우를 제외하면 멀찌감치 물러서서 작전을 관조하듯이 사진을 촬영한 것으로 보인다. 미 7사단이 상륙작전의 후위 부대였기 때문에 이런 사진들이 생산된다.

〈사진 3-47〉은 15일 새벽 LST(landing ship tank, 상륙 작전용 함정)에 승선한 해병대가 월미도 상륙작전을 위해 섬에 접근하는 장면을 원거리로 포착한 것이다. 해병 5연대 3대대 병사들이 새벽 6시 30분에 상륙했다.

〈사진 3-48〉은 상륙작전을 했던 LST들이 갯벌에 주저앉은 모습을 찍은 것이다. 인천 앞바다의 악명 높은 조수간만의 차는 이런 방식으로 사진에 포착되었다.

〈사진 3-49〉는 9월 16일 포터(R. L. Porter) 중위가 미 해군의 집중 함포사격으로 파괴된 인천역을 찍은 것이다. 〈사진 3-50〉은 인천상륙작전의 결과에 대한 브리핑을 받은 직후 언덕에 올라가 작전 상황을 확인하는 모습으로, 해병 1사단 팔러(L. B. Paller) 대령이 맥아더 총사령관 왼쪽 옆에서 설명하고 있다. 맥아더의 오른쪽 뒤편에는 해병 1사단 사단장 스미스(O. P. Smith) 중장이 서 있고, 제일 앞 오른쪽에는 제7함대 사령관 스트러블(A. D. Struble) 중장이 일행과 다른 방향을 응시하며 서 있다.

사진 3-47 월미도 상륙작전에 나선 미 해병대(SC348443)

사진 3-48 썰물로 갯벌에 주저앉은 LST들(SC 348559)

사진 3-49 집중 함포사격으로 파괴된 인천역(SC 348507)

사진 3-50 인천상륙작전의 결과를 보고받는 맥아더 총사령관(SC 348527)

〈사진 3-51〉부터는 영국의 유명한 포토저널리스트 잡지 『픽처포스트』의 전쟁사진가 하디(B. Hardy)의 사진이다. 1950년 10월 7일자 『픽처포스트』에 "인천"이라는 제목의 사진글에 실려 있는 총 21장의 사진 가운데 4장이다.

〈사진 3-51〉은 수륙양용탱크가 바다를 가로지르며 줄지어 가는 것을 포착한 장면이다. 〈사진 3-52〉에서는 LST 뒤로 포화로 인한 불과 연기가 치솟고 있는 장면을 보여 주고 있다. 이 사진들은 해병 1연대가 해가 떨어지기 시작할 즈음 인천 남부 방파제(청색해안)로 상륙하고자 접근하는 장면들을 찍은 것이다.

〈사진 3-53〉과 〈사진 3-54〉가 바로 그 방파제에 뛰어오르는 상황이다. 적의 박격포와 기관총 사격이 쏟아지는 상황에서 이루어진 것이었다. 육군 사진병이 찍은 사진들과 비교할 때 이처럼 당시 민간 잡지, 신문, 통신사의 전쟁사진가 사진들이 피사체들을 훨씬 역동적이고 긴박하게 잡아내고 있었다.

9월 16일 종일 시가전을 치른 끝에 미 해병 1사단은 저녁 즈음에 인천을 완전히 장악하고 해두보(海頭堡)를 확보했다. 그리고 알몬드 10군단장의 지시로 해병 1사단은 1연대와 5연대 병력만을 가지고 각각 경인가도를 따라 영등포에 진출했고 김포비행장을 탈환했다. 해병 7연대와 7사단 상륙을 기다리지 않고 2개 연대 병력만으로 도박에 가까운 기습을 시도한 것이었고, 그 결과는 어느 정도는 성공이었다.

그러나 한강 도하 작전과 행주를 점령한 후 북한군의 서울 방어 전초기지였던 연희동의 66고지에서 예상 밖의 큰 저항을 받았다. 해병 5연대가 이 입구를 격전 끝에 돌파하기는 했지만, 큰 피해가 있었고 시간이 너무 지체되어 9월 24일이 되어서야 돌파되었다.

다음의 사진 4장이 바로 이 전투를 포착한 것으로 스트릭랜드 중위와 로마노프스키 상병이 찍은 것이다.

〈사진 3-55〉, 〈사진 3-56〉, 〈사진 3-57〉은 연희동 시가전을 벌이고 있는

사진 3-51 상륙작전 개시 30분 전(*Picture Post* 1950. 10. 7.)

사진 3-52 상륙작전 15분 전(*Picture Post* 1950. 10. 7.)

사진 3-53 황천의 발판(*Picture Post* 1950. 10. 7.)

사진 3-54 치명적인 날의 최후의 장면(*Picture Post* 1950. 10. 7.)

사진 3-55 연희동 시가전 1(SC 351381)

사진 3-56 연희동 시가전 2(SC 351390)

사진 3-57 연희동 시가전 3(SC 351392)

해병 5연대의 전투를 포착하고 있다. 흥미로운 것은 병사들의 뒤에서 찍은 사진이 아니라 앞에서 찍고 있다는 점이다. 총탄이 빗발치는 전투 상황에서 사진병이 적을 등지고 전투 장면을 이런 시각에서 포착하고 있는 사진은 드물다. 그래서인지 역동적이고 긴박감이 느껴진다.

〈사진 3-58〉은 로마노프스키 상병이 동영상 카메라의 조리개를 조절하는 장면을 스트릭랜드 중위가 찍은 것이다. 당시 스틸사진가와 모션카메라맨이 한 팀을 이루어 사진 활동을 수행했음을 보여 주는 사진이다.

9월 25일 알몬드 10군단장은 '서울수복'을 언론에 공표했다. 그러나 9월 26일에도 중앙청과 미대사관 건물은 북한군의 수중에 있었다. 9월 28일이 되어서야 중앙청을 탈환할 수 있었다.

사진 3-58 시가전에서 카메라의 조리개를 조절하는 로마노프스키 상병(SC 351589)

〈사진 3-59〉부터는 중앙청에서 서울 '수복'과 '환도'를 기념하는 행사 사진들이다. 이 시간에도 서울 시내에서 '잔적소탕'은 진행되고 있었고, 중앙청은 건물 일부가 파괴되고 전기도 들어오지 않는 상황에서 진행된 때 이른 기념 행사였지만, 맥아더 총사령관이 수복된 서울을 이승만 대통령에게 '반환'하는 상징적인 행사이기도 했다. 그런 만큼 거의 모든 사진이 맥아더 총사령관과 이승만 대통령(의 관계)에 초점을 맞추고 있다. 귓속말로 환담을 나누고, 서로 부축하며, 공을 치사하거나 이를 감사해 하는 장면 등이 주를 이루고 있다.

사진 3-59 중앙청 서울 '수복' 기념식 1
(SC 349484)

사진 3-60 중앙청 서울 '수복' 기념식 2
(SC 349488)

사진 3-61 중앙청 서울 '수복' 기념식 3
(SC 349489)

사진 3-62 중앙청 서울 '수복' 기념식 4
(SC 349493)

2. 적: 잔악한 '전범'과 '전쟁포로'

1) 적의 잔학행위와 전쟁범죄

미군의 전쟁사진에서 빼놓을 수 없는 중요한 피사체가 바로 '적'이다. 크게 보면, 사진에서는 잔학행위를 저지른 '전범'으로서, 그리고 '전쟁포로'로서 적이 재현된다.

전범인 적과 그 잔학행위는 한편으로 사실 그대로 '기록'으로서 전쟁사진의 피사체로 등장한 측면도 있지만, 다른 한편으로 심리전 문법에 충실한 반인간적이고 악마화된 '재현'으로 등장한 측면도 강하다. 진실을 증거하는 것처럼 보이는 사진에도 프레임화된 심리전 성격이 강하게 투영되어 있다는 말이다. 다음 사진들은 이런 맥락에서 살펴볼 필요가 있다.

〈사진 3-63〉은 7월 10일 댄젤 상병이 찍은 사진으로, 7월 9일 밤 정찰 중이던 미 24사단 21연대 병사 4명이 사로잡힌 후 처형된 채 버려진 모습을 포착한 것이다. 양손을 뒤로 묶인 채 머리 뒤로 총살되었다. 발견된 장소는 "전방관측소와 전선 사이의 도로"라고 캡션에 나와 있는데, 충남 연기군 전의면과 전동면 부근인 것으로 보인다.[4]

총살된 미군 시신 사진은 7월 12~13일에 걸쳐 전 세계에 보도되었다. 그런데 이 사진은 한편으로는 적의 잔학행위를 시각화하는 것이기도 했지만, 아군의 죽음을 생생하게 시각화하는 것이기도 했다. 특히 미국인이 받

4 국방부 정훈국 사진대 대장 임인식 중위도 같은 날 그곳에서 총살된 미군의 시신을 찍었다. 그의 사진은 AP통신 신화봉 기자를 통해 전 세계의 신문에 게재되었다. 7월 12일자 미국 〈인디애나폴리스 뉴스〉 1면의 사진이 바로 그것이다. 그런데 7월 13일자 일본 『아사히신문』 1면에도 비슷한 사진이 실려 있다. 이것은 임인식 중위가 찍은 동일 장소의 시신이다. 이 사진에 대한 캡션은 '미군 제공 · AP공동'이라고 되어 있는데, 김윤정(2009)은 이를 보고 임인식 사진으로 추정하였다. 그러나 이것은 댄젤 상병이 찍은 사진이다.

사진 3-63 손을 뒤로 묶인 채 살해된 미군 포로(SC 343302)

사진 3-64 총살된 미군 포로 시신(SC 343303)

아들일 충격은 실로 심대한 것이었다. 죽음이 반복되고 규모가 커지면 반전 여론이 형성될 수도 있을 터였다. 이후 미군의 죽음을 시각화하는 사진은 더 이상 공개되지 않았다.

이 사건을 계기로 7월 14일 맥아더 총사령관은 법무참모에게 전쟁범죄에 해당할 수 있는 북한의 잔학행위에 대한 증거 확보와 전범 재판 준비를 지시했다. 그리고 8월 20일 잔학행위의 형법상 책임이 북한군 최고사령관에게 있음을 공표했다(양정심, 2011: 231). 이후 10월 13일 미 8군 법무과 내에 전쟁범죄조사단(War Crime Division in Korea, KWC)의 조직 및 활동으로 이어졌다.

〈사진 3-65〉는 8월 10일 잔학행위를 목격했던 어린이들을 상대로 캐나다군 출신의 유엔 옵저버 화이트 중령이 통역을 통해 질문하고 있는 장면이다. 지프차 뒷좌석에 앉아 해맑게 웃고 있는 남자아이의 모습과 한국인 통역과 진지하게 얘기하는 여자아이의 모습이 사뭇 인상적이다. 이것은 보안유지를 위해 검열된 사진이다.

〈사진 3-66〉은 8월 18일 군목이 도로가 경사지에 끓어앉고 북한군에 의해 손이 뒤로 묶인 채 총살된 미군 병사들을 위해 마지막 기도를 하고 있다. 이후 손이 뒤로 묶인 채 후두부에 총상을 입은 채 사살된 미군 병사들은 적의 잔학행위를 드러내는 대표적 상징이 되었다.

다음 사진들은 이와 같은 적의 잔학행위에 대한 자세한 기록사진이다.

〈사진 3-67〉은 적의 '피비린내 나는 학살'로부터 생존한 미군 병사 3명 가운데 러드(J. M. Rudd) 상병과 데이(R. L. Day) 상병을 클로즈업하고 있다. 북한군이 미군 포로들의 손을 뒤로 묶고 총살했다. 이들은 그 지옥에서 살아 돌아온 병사들이다. 이 사진은 퍼햄(Perham) 대위가 찍은 것으로, 캡션에는 "유혈학살에서 살아 돌아왔지만, 그로 인해 1기병사단 사령부에서 망연자실한 채 앉아 있다"고 되어 있다. 애써 안정을 찾으려는 듯 다리를 꼬고 앉아 있지만, 표정에서는 공포가 어른거린다. 특히 데이 상병이 쪽지를 쥐고 있는데, 잔뜩 움츠리고 팔을 뒤틀리게 한 자세가 표정에 각인

사진 3-65 미군 포로 살해에 대한 유엔군 조사(SC 345748)

사진 3-66 살해당한 미군 포로를 위한 미군 군목의 마지막 기도(SC 346553)

사진 3-85 전쟁범죄조사단의 활동(SC 350377)

〈사진 3-85〉는 이와 같은 북한군의 잔학행위와 전쟁범죄에 대해 조사된 내용들을 검토하고 논의하는 장면이다. 창(A. L. Chang) 하사가 10월 3일 찍은 사진으로 "최근의 서울 근처에서 저질러진 잔학행위에 대한 정보를 논의하고 있다"는 캡션이 달려 있다. 사진 속 장교들은 전쟁범죄조사단 소속이다.[8] 왼쪽부터 스피처(S. E. Spitzer, 미군 법무장교) 중령, 카스테라 중령(L. K. Castelar, 엘살바도르군), 실버스(C. D. Silvers, 미군 법무장교) 대령, 멜킴(H. Malkim, 캐나다 공군) 중령, 랜킨(R. Rankin, 호주 공군) 소령, 펫코프(L. PetKoff, 미군 법무장교) 중위다.

---

7 Korea War Crime Division, "Extract of Interim Historical Report(1950. 6. 30.)," NARA, RG 153 Entry 182, Box 2.

8 사실 전쟁범죄조사단은 이 장면을 찍은 날로부터 열흘 후인 10월 13일 미 8군 법무과 내에 설치되었다. 당시 실버스 대령과 스피처 중령은 각각 미 8군 법무참모, 선임장교를 맡고 있었으며, 이들을 중심으로 전쟁범죄조사단이 조직되었다(양정심, 2011: 231-232).

2) 전쟁포로

전쟁 초기 미군 사진병의 시각에 포착된 전쟁포로로서의 적은 다양한 모습으로 나타난다. 사진에는 포로임에도 '공산주의 해방'과 '조국통일' 신념으로 강렬한 눈빛과 의지를 발산하는 모습도 있지만, 발가벗기고 묶인 채 피골이 상접하여 겁에 질려 있는 모습도 있다. 또한 20대 이상 성인으로 보이는 포로도 있지만, 10대 중반으로 보이는 포로도 있었다. 군복을 입은 포로도 있었지만, 민간인 복장을 한 사람도 있었다. 남성도 있었지만, 여성도 있었다.

〈사진 3-86〉은 8월 5일 2명의 미군 병사가 북한군 포로와 함께 포즈를 취하고 있다. 이 포로는 낙동강을 건너온 적의 소규모 정찰대 소속으로 일행은 모두 '소탕'되었다. 그래서일까? 포로의 표정과 눈빛이 매우 강렬하고 적대적이다. 반면 〈사진 3-87〉은 정반대의 이미지를 보여 준다. 8월 말 부산의 한 수용소에서 『픽처포스트』의 하디가 포착한 장면이다. 당시 하디와 함께 있었던 카메론(J. Cameron)의 서술을 보자.

> 그들은 말라 피골이 상접해 보초가 뭘 시키든 시키는 대로 복종했다. 안색은 반투명한 회색이고 줄에 함께 묶인 채로, 동양적 복종의 태도로 설설 기는가 하면 태아처럼 웅크려 있고 쓰레기 더미에 파묻혀 있기도 했다. … 미군 몇 명이 매우 무심한 태도로 그 광경을 사진 찍고 있었다(커밍스 · 할리데이, 1989: 94).

카메론은 이 광경을 보면서 악명 높은 벨젠 유대인수용소를 떠올렸다. 그리고 이에 대한 기사와 함께 하디의 사진들을 『픽처포스트』에 송고했다. 그러나 이 글은 실리지 않았다.[9]

〈사진 3-88〉은 버틀러 일병이 7월 29일 찍은 것으로, 진주 근처에서 19연대 소속 미군 병사가 두 북한군 포로를 서로 묶어 데려가고 있다. 둘 다

사진 3-86 낙동강 방어선에서 포로로 잡힌 북한군(SC 345397)

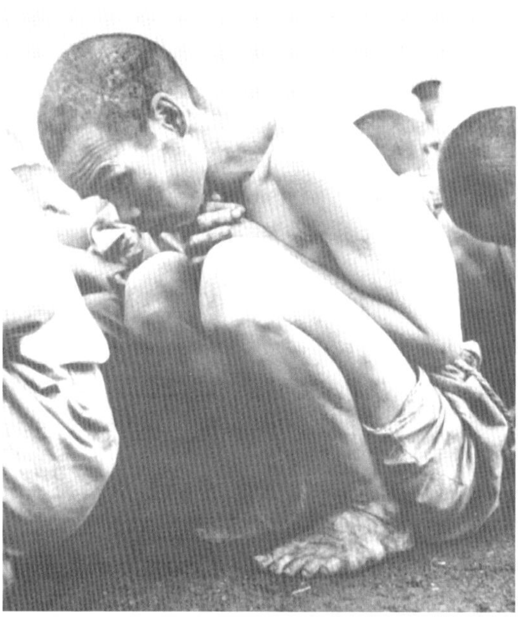

사진 3-87 피골이 상접한 채 웅크려 있는 북한군 포로(*Picture Post*)

사진 3-88 미군이 진주 근방에서 북한군 포로로 잡은 민간인들(SC 344896)

민간인 복장을 하고 있으며 맨발 상태인데, 확대해서 보면 북한군 포로로 보이기보다는 장년층 촌로로 보인다. 〈사진 3-89〉는 7월 26일 촬영된 사진으로 "미군이 북한 게릴라 포로들을 일렬로 세웠다"는 캡션이 달려 있다. 당시 미군들 사이에는 북한 정규군이 민간인으로 위장한 채 아군의 후방에 침투해 있다는 생각이 팽배해 있었다. 따라서 '흰옷 입은 사람들'은 위장한 적군이든 민간인이든 간에, '북한 게릴라'로 인식, 처리되었다. 때때로 사진을 설명하는 캡션이 오류인 경우도 있다. 사진 속 한 무리의 포로들은 20대 전후로 보이며, 이발 상태 등 행색을 종합해 보건대 지역 야산대 내지 남로당 유격대가 아닐까 싶다. 전쟁 내내 군인과 민간인 경계가 요동쳤

9 『픽처포스트』의 소유주 헐튼(E. Hulton)이 이 기사를 빼도록 지시했고, 편집장 홉킨스가 이에 대한 책임을 지고 사퇴했다. 그러나 『픽처포스트』는 많은 구독자를 잃었고, 1957년 폐간되었다(김윤정, 2009: 37-38).

사진 3-89 미군이 북한군 게릴라 포로로 잡은 민간인들(SC 344311)

듯이, 군인 출신 전쟁포로와 민간인 억류자 사이의 경계가 모호했다.

다음 사진은 소년 포로와 여성 포로 사진들이다. 〈사진 3-90〉은 7월 29일 촬영된 사진으로 캡션에는 "포로라고 하기에는 너무나 어린 북한군 포로들이 한국군 헌병의 감시하에 배식을 기다리고 있다"고 되어 있다. 얼핏 보기에도 10대 중반으로 보인다. 〈사진 3-91〉의 두 소년 포로들은 더 어려 보인다. 이 사진과 〈사진 3-92〉, 〈사진 3-93〉은 9월 18일 프랜시스 멀린 일병이 찍은 사진들이다. 낙동강 방어선을 돌파한 미 2사단 38연대가 신당동 지역에서 잡은 포로들을 심문하고 있는 장면을 포착한 것이다. 캡션에 따르면, 〈사진 3-92〉의 여성은 부상당한 북한군 여군이며, 38연대 케이스(Keith) 중위가 그녀를 심문하고 있다. 〈사진 3-93〉의 심문받고 있는 소녀는 북한군 간호사이며, 왼팔의 적십자 표식이 이를 뒷받침한다. 사진으로 보기에도 이 소녀의 상태는 그다지 좋아 보이지 않는데, 캡션에도 부상당했다고 기록되어 있다. 목에 걸려 있는 전쟁포로 표식도 눈에 띈다.

사진 3-90 배식을 기다리는 북한군 소년 포로들 (SC 344664)

사진 3-91 신당동에서 포로로 잡혀 심문받는 북한군 소년들(SC 348805)

사진 3-92 신당동에서 포로로 잡혀 심문받는 북한 여군(SC348803)

사진 3-93 신당동에서 포로로 잡혀 심문받는 북한군 간호사(SC 348804)

사진에서 확인되는 멀런 일병의 시선은 강한 의문이 자리하고 있는 듯하다. 이렇게 어린 소년, 소녀들이 병사로서, 종군간호원으로서 최전선으로 동원된 상황, 전쟁 포로가 된 상황, 그리고 부상 중임에도 아군에 의해 심문받고 있는 다소 비인도적인 상황 등에 대한 의문일 것이다. 앞서 『픽처 포스트』의 카메론과 하디도 이와 비슷한 강한 의문을 표시한 바 있었다. 그러나 그 의문은 전쟁 상황 논리와 적의 극악무도한 잔학성 논리로 묵살되곤 했다.

다음 사진들은 댄젤 상병이 찍은 사진들로, 9월 15일 인천상륙작전으로 월미도에서 생포한 북한군 포로들을 보여 주고 있다. 〈사진 3-94〉는 미 해병 5연대 3대대 병사들이 북한군의 무장을 해제시키고 있다. 손을 들고 있는 3명 중 가운데 북한군 포로는 10대 중반 정도로 보이며, 겁에 질려 있는 표정이다. 이 모습은 철모를 쓰지 않은 한 한국군이 다소 강경한 표정으로 총을 겨누는 모습과 대비된다.

사진 3-94 월미도에서 생포한 북한군 포로들(SC 348473)

사진 3-95 벌거벗은 북한군 포로의 이동을 지켜보는 미 해병대(SC 348474)

사진 3-96 포로복을 받기 위해 모여 있는 벌거벗은 북한군 포로들(SC 348475)

사진 3-97 벗겨진 채 죽어 있는 북한군 포로들(SC 348476)

〈사진 3-95〉는 북한군 포로들이 벌거벗은 채 어디론가 걸어가고 있다. 댄젤 상병의 캡션에 따르면, 이 포로들은 월미도 A(포로)수용소로 이동해 새 옷을 받을 것이다. 〈사진 3-96〉이 바로 새 옷을 받기 위해 집합해 있는 장면이다. 새 옷을 받으면서 포로들의 인적 사항도 함께 조사되었다. 이 과정을 거쳐 모든 포로는 목에 자신의 인적 사항이 적힌 목걸이를 걸게 되었다.

〈사진 3-97〉은 다소 충격적인 사진이다. 사실 이 4장의 사진은 댄젤 상병이 찍은 연속 사진인데, 이 마지막 사진은 벌거벗은 포로들의 죽음을 포착하고 있다. 더욱 흥미로운 것은 이해할 수 없는 캡션 내용이다. "3명의 북한군 병사가 미군이 월미도에 상륙작전을 하는 동안 쓰러진 채 누워 있다"고 적고 있다. 이들이 발가벗겨진 채 죽었다는 것은 포로가 된 후 사살되었다는 것을 의미한다. 포로의 죽음(또는 사살)을 시각화하고 있지만, 캡션은 이를 사각화하고 있는 셈이다.

3. 민간인: 국민과 비국민의 경계에서

1) 민간인과 포로

전쟁사진에서 군 못지않게 등장하는 피사체가 바로 민간인이다. 그런데 이에 대한 미군 사진병의 시선은 민간인과 포로, '자유피란민'과 '불순분자', 애국자와 '부역자(附逆者)'의 사이에서 상당히 혼란스러워한다.

민간인과 전쟁포로 사이의 혼동은 앞서 전쟁포로로서의 적의 재현에서 잠시 살펴본 바 있다. 이는 사실 전시의 적과 잘 구별되지 않는 민간인에 대한 시선의 문제이다. 왜 이런 혼동이 발생할까? 미군의 인종주의적 시선에서 볼 때 남한과 북한 사람 모두 검은 눈의 낯선 이방인일 뿐이다. 그러나 이보다 더 심각한 문제는 한국 민간인 피란민에 대한 인식과 이에 기반한 정책이었다. 즉 미군은 전쟁 초기 민간인을 민간 복장을 한 적으로 의심했고, 민간인 이동제한 정책의 일환에서 발포·사살하는 정책을 수립하기도 했다.

다음 사진들은 미군이 보기에 민간인 복장으로 위장한 '적'을 포착한 것이다. 〈사진 3-98〉은 7월 12일 천안 근처에서 잡은 북한군 포로를 미군과 한국군 헌병들이 경계하고 있는 장면이다.

〈사진 3-99〉, 〈사진 3-100〉은 턴불 병장이 찍은 연속 사진이다. 7월 19일 24사단 34연대 본부중대 소속 미군이 대전 근처 마을에서 공산주의자로 보이는 자들을 포로로 잡았고, 한국군 헌병이 대전본부에서 이들을 심문하고 있다. 〈사진 3-100〉을 보면 포로로 잡혀 와 심문받고 있는 민간인은 겁에 질린 표정을 하고 있다. '공산주의자' 혐의로 포로가 된 이 민간인이 실제 공산주의자인지 아닌지는 중요하지 않다. 미군과 한국군의 인식상에서 이 민간인은 공산주의자 적이며, 그것이 중요한 것이다. 이 사진을 찍은 턴불 병장도 기본적으로 이런 인식의 연장에 있지만, 다른 한편으로 "공산주의자로 보이는"이라는 캡션에서 알 수 있듯이 적과 구별되지 않는 민간인에 대해 혼란스러운 시선을 보여 주고 있다. 〈사진 3-101〉은 8월 30일 "버려진 마을에서 발견된 적으로 의심되는 한 남자"를 포로로 잡은 것이다.

이러한 혼란은 적 게릴라(빨치산, 야산대)와 함께 포로로 잡은 그 가족들에 대한 시선에서 더욱 가중된다.

다음 사진들은 226통신대 사진병 스타우트(P. E. Stout) 상병이 찍은 사진으로, 수도사단에 의해 토벌되어 생포된 빨치산의 가족들의 모습을 담고 있다. 그런데 이 가족들은 민간인이 아닌 '공산주의 전쟁포로'로 처리되고 있다. 〈사진 3-102〉는 "공산주의 게릴라 혐의를 받고 있는 두 여성 전쟁포로"가 포로 절차 및 심문을 위해 이송되기 전 간단한 조사를 받고 있는 장면이다. 〈사진 3-103〉은 그렇게 조사받은 사람들이 수도사단 방책 안에서 대기하고 있다. 〈사진 3-104〉에는 동상에 걸려 앉아 있는 여성이 전쟁포로임을 나타내는 '꼬리표'를 들고 있는데, 포로가 된 일시, 장소 등에 대한 정보가 적혀 있다.

사진 3-98 천안 근처에서 북한군 포로로 잡은 민간인들(SC 343441)

사진 3-99 미군이 포로로 잡은 공산주의 혐의자(SC 343796)

사진 3-100 한국군 헌병에게 심문받고 겁에 질린 공산주의 혐의자(SC 343797)

사진 3-101 버려진 마을에서 발견된 적 혐의자(SC 347653)

사진 3-102 빨치산 혐의를 받고 포로가 된 가족 단위의 남녀노소(SC 388165)

사진 3-103 빨치산 혐의를 받고 포로가 된 여성들(SC 388171)

사진 3-104 전쟁포로가 된 동상 입은 민간인 여성(SC 388175)

사진 3-105 빨치산 혐의로 심문받기 위해 기다리는 가족들(SC 388220)

〈사진 3-105〉는 남원 경찰서에서 심문받기 위해 기다리고 있는 "빨치산과 그 가족들"이 경찰이 준 음식을 먹고 있다.

사진을 보면 알 수 있듯이, 명백하게 민간인으로 보이는 여성, 노인, 아이들마저도 가족으로서 공산주의 게릴라 혐의자 내지 부역자로 바라보고 있다. 이것은 비단 산에서 내려온 빨치산의 가족들에 국한된 것이 아니었다. 남쪽이 아닌 더 깊은 산으로 피란을 떠났다가 내려온 사람들도 이러한 시선과 인식에서 자유로울 수 없었다. 한국을 잘 모르는 미군 등 유엔군만이 그렇게 본 것이 아니었다. 앞의 사진들에서 민간인들을 빨치산 전쟁포로로 처리한 것은 한국 군경이었다.

이 사진들과 캡션에서 흥미로운 것은 미군 사진병의 분열적인 시선과 인식이다. 이와 같은 시선과 인식이 공식적인 정책이자 방침이지만, 사진병들은 그 누구보다도 자신이 포착한 피사체가 민간인임을 잘 알고 있다. 그래서 나타나는 혼란이 아닐까?

2) '자유피란민'과 '불순분자'

한국전쟁과 관련해 지배적인 기억 중 하나가 전쟁을 피해 떠나는 남부여대의 피란 행렬이다. 전장을 벗어나려는 행위는 대부분 북한 공산침략자들을 피해 생사를 무릅쓰고 자유를 찾아 남으로 떠나는 이념적 선택이자 숭고한 엑소더스, 이른바 '자유피란민'으로 재현된다.

그러나 이러한 의미 부여는 개전 직후와 지연전 시기 피란(이른바 '1차 피란')의 실제 현실과 거리가 다소 멀어 보인다. 개전 초기 한국정부와 군경은 서울 시민과 국민을 버리고 도망쳤고, 피란민에 대한 소개, 구호 등의 대책은 거의 없었다.

1950년 무더운 여름에 서울에서 빠져나와 피란을 떠났던 사람들은 대개 우익 정치인, 정부 고위직, 군경, 월남민 출신, 그리고 그 가족들 등 북한에 적대적이거나 북한으로부터 적대적인 처지에 놓이게 될 사람들

사진 3-106 개전 초기 수원역의 피란민들(SC343036)

이었다. 기록을 보면, 약 145만 명 서울시민 중에서 40만 명 정도가 남쪽으로 피란을 갔고, 그 가운데 8할이 전쟁 발발 이전에 북한에서 내려온 월남민이었다고 한다. 이렇게 보면 3일 동안 서울에서의 '엑소더스'는 김동춘이 말한 대로 정치적·계급적인 '자유피란'이라고 볼 수 있다(강성현, 2010: 138).

피란민들은 수원으로 가서 기차를 이용하거나 걸어서 안전지대를 찾아 남쪽으로 이동했다. 다음의 사진들은 전형적으로 이 자유피란민의 이미지를 보여 준다.

〈사진 3-106〉은 행콕 일병이 7월 1일 수원 기차역에서 찍은 것이다. 사진에는 여러 개의 선로가 보이는데, 맨 왼쪽 선로(하행선)에는 피란민들이 남쪽으로 피란 가기 위해 화물용 화차에 올라타 있다. 1951년 '1·4 후퇴'

사진 3-107 트럭에 각종 가재도구를 싣고 있는 피란민 가족(SC 346053)

때 객차 지붕에까지 새까맣게 올라탄 피란기차 이미지와 비교하면 전반적으로 여유로워 보이기까지 한다. 무더운 한여름의 햇볕을 피하기 위해 화차 곳곳에 양산(우산)을 핀 모습들이 흥미롭다.

〈사진 3-107〉에서는 피란 가는 모습이 호화롭게 느껴진다. 트럭에 가재도구와 자전거 등이 가득 실려 있다. 이 사진을 보면 일신상의 안위만을 도모한 채 정부의 고위 인사들이 트럭에 가재도구, 심지어 개까지 싣고 남쪽으로 도망갔던 장면(김석원, 1977: 261, 300)은 얼마나 큰 위화감을 자아냈을까 하는 생각이 든다.

〈사진 3-108〉에서 소 수레, 지게에 짐을 싣거나 전형적인 남부여대의 모습으로 피란 가는 모습은 이념적 선택이자 숭고한 엑소더스로서의 '자유피란'이라기보다는 '난리'를 피하기 위해 인근의 '살 길'을 찾아 나서는 전통적인 피란의 모습으로 보인다. 앞 사진과 비교해 보면 계층에 따라 피란의 양상이 달랐다고 할 수 있다.

사진 3-108 소 수레, 지게에 짐을 싣고 남으로 이동하는 피란민들(SC 344505)

난리를 피해 살 길 찾아 나가는 피란민들에게 한국정부와 미군은 색안경을 쓰고 보았다. 피란민에 대해 대책 없이 일관하던 한국정부는 7월 10일의 '피란민 분산에 관한 통첩'을 통해 이들을 '관리'하기 시작했다. 전황이 불리해지면 민간인들은 점차 불신과 통제의 대상이 된다. 피란민 증명서 교부를 통해 피란민을 가장한 '적 오열의 침투', '사상불온자' 및 '불순분자'의 개입과 선동을 최우선적으로 방지하고자 했다. 이후 정부의 피란민 조치들도 피란민 속에 적이 침투해 있고, 따라서 모두를 '잠재적 적'으로 의심하고 계속 감시해야 한다는 인식에 바탕을 두고 있었다. "괴뢰군이 피란으로 가장"하여 "민심교란을 목적으로 배회 중"이니 상호 단속하고 엄중히 처단한다는 경찰의 담화 발표도 이를 뒷받침한다(강성현, 2010: 143-146).

유엔군의 피란민 대책도 이와 별반 다르지 않았다. 기록에 의하면 유엔군은 7월 25일 대구의 정부청사에서 최초의 공식 피란민 대책회의를 가졌고,

사진 3-109 미군에 의해 피란 봇짐을 검색받는 피란민 가족(SC 344352)

이에 근거해 미 8군 사령관 워커 중장은 "어떠한 피란민도 전선을 통과시키지 말라"는 지시를 각 부대 지휘관에게 하달했다. 피란민 검문소를 세우고 정한 지역으로 '통제된 이동'을 시키되 피란민에 대한 '치명적 무력' 사용을 승인한 것이었다. 이 방침은 '노근리사건'의 발생 배경을 이룬다(강성현, 2010: 155-158).

다음 사진들은 이러한 한국정부와 미군의 피란민 인식, 즉 민간인들을 '불순분자'로 간주하는 변화가 사진에는 어떻게 재현되는가를 보여 준다.

〈사진 3-109〉는 7월 21일 롱(Long) 병장이 찍은 것으로, 캡션에는 "한 미군 병사가 적에게 함락된 대전에서 피란 나온 한국인 여성을 돕기 위해 멈추었다"고 되어 있다. 그러나 그 여성은 봇짐을 풀어 미군 병사에게 보여 주고 있다. 미군은 웃음을 짓고 있지만, 총구는 봇짐을 향해 무언가를 지시하고 있는 것처럼 보인다. 그 뒤 미군 병사는 젊은 남성을 매우 꼼꼼

사진 3-110 한국군 헌병에 의해 검색받는 피란민 남성(SC 346647)

하게 검색하고 있다. 전형적인 남부여대 모습의 피란민 가족이지만, 미군은 이들이 '불순분자'일 가능성을 배제하지 않고 있는 것이다. 이와 관련해 시사적인 미군 기록이 있다. 7월 19일 25사단 작전 부참모관실은 "적이 여성과 아이를 동반해 아군의 후방을 침투하기 때문에 전투지역에 있는 모든 한국인은 적으로 간주하고 '적절한 행동'을 해야 한다"고 보고한 바 있으며, 이에 25사단장인 킨(W. B. Kean) 소장은 전투지역 내 모든 민간인을 적으로 간주하여 사살하라는 지시를 했다(강성현, 2010: 153).

〈사진 3-110〉 역시 이런 맥락에서 이해할 수 있다. 한국인 헌병이 젊은 남성의 지게 짐을 검색하고 있는데, 그 짐 보따리에 무기가 은닉되었는지를 확인하고 있다. 이런 상황에서 이 남자는 죄를 짓지 않았음에도 저렇듯 걱정스러운 표정을 지을 수밖에 없었을 것이다. 〈사진 3-111〉은 함안에서 안전한 지역으로 피란을 가기 위해 기차를 타려 한 여성 피란민이 한국군

사진 3-111 한국군 헌병에게 피란민증을 보여 주는 피란민 여성(SC 346883)

사진 3-112 대구로 가는 길에서 미군과 한국군 헌병에 의해 검문받는 피란민 가족(SC 346933)

헌병에게 피란민증을 보여 주고 있는 장면이다. 한국정부(사회부)는 7·10 피란민대책의 일환에서 피란민의 신분을 조사하고 '사상 온건 여부'의 심사를 통해 일부 피란민에게 피란민증명서를 발부했다. 피란민 수용소 내에서는 증명서를 갖고 있더라도 항상 다시 심사·감시하도록 했다. 당시 이 피란민증은 어느 정도의 구호식량 배급과 이동의 자유를 보장해 주었다. 다시 말해 이 증명서는 물신화되어 삶과 죽음을 관장했다.

〈사진 3-112〉는 미군 헌병과 한국군 헌병이 함께 대구로 향하는 피란민들을 검문, 검색하고 있다. 갓을 쓴 노인과 여성, 아이였음에도, 푸른 눈의 이방인만 있는 것이 아니라 한눈에 상황을 파악할 수 있는 한국군 헌병이 함께 있음에도 불구하고, 피란 봇짐에 무기를 은닉하고 있지는 않은지 검색하고 있는 것이다.

3) 애국자와 '부역자(附逆者)'

'부역(附逆)'이란 역도(逆徒)에게 협력한 것을 의미한다. 즉 국가에 반역이 되는 일에 동조하거나 가담한 행위를 말한다(이임하, 2011: 143). 그렇다면 38선 이남이 유엔군에 의해 '수복'된 상황에서 부역자란 누구인가? 문제는 어떤 행위가 역도에게 협력한 것인지 판단할 수 있는 근거가 전혀 제시되어 있지 않다는 것이다. 이승만 대통령을 비롯한 '도강파'는, 피신한 자와 지하운동을 한 자를 제외하고, 피란 갈 의사가 있었으나 사정상 가지 못한 사람과 피란 갈 의도가 없어서 그대로 남아 있던 사람들 모두 부역자로 간주했다. 이후 '주동적'(적극적)이냐 '피동적'(소극적)이냐에 따라 부역 처벌을 달리하겠다는 방침을 형식적으로 세우기는 했지만, 소극적 또는 비자발적이었다는 판정을 받더라도 부역하지 않았음을 의미하는 것은 아니었다. 이 사태를 예감해서였을까? 한국군과 유엔군이 입성하는 지역에는 모든 주민이 나와 태극기를 휘날리며 환영했다. 이들은 실제로 적으로부터의 해방을 환영하는 사람들과 함께 마치 부역하지 않았음을 입증하려는 듯이 열렬히 환영했다.

〈사진 3-113〉은 '수복' 지역에서 주민들이 나와 한국군과 유엔군을 환영하는 사진이다. 이 사진은 9월 26일 미 7사단이 서울에 입성할 때 시민들이 나와 열렬히 환영하는 장면을 찍은 것이다. 관공서로 보이는 건물 앞에서 청장년들이 나와 태극기와 성조기, '한국군 만세'와 '유엔군 환영'이 쓰인 현수막을 들고 있다. 〈사진 3-114〉는 9월 28일 충주의 한 마을 주민이 나와 유엔군의 전진을 환영하고 있는 장면이다. 남녀노소 할 것 없이 거의 모든 주민이 나와 유엔군의 통과를 지켜보고 있다.

환영 행사 이후 부역자 심사와 처벌이 뒤를 이었다. 서울에서는 '수복' 직후에 대한청년단과 향토방위대 등이 중심이 되어 '치안대' 또는 '자위대'가 조직되어 부역 혐의자를 무차별 체포하고 '숙청'하는 양상으로 진행되었다. 그러다가 10월 4일 군·검·경 합동수사본부가 설치된 이후부터는 기존의 수사기관(방첩대, 헌병, 경찰, 검찰)이 중심이 되어 부역자를 심사하고 군법회의 또는 민간재판(지방법원)에 회부했다.

〈사진 3-115〉는 9월 29일 행콕 일병이 찍은 것으로, 캡션에는 "적에 협력한 한국인들이 민간법원에 재판을 받으러 줄을 지어 걸어가고 있다"고 적혀 있다. 사진을 보면 청장년층의 남성들이 무거운 표정으로 걸어가고 있으며, 그 옆에 치안대로 보이는 한 사람이 인솔하고 있다. 캡션에서 말하는 '민간법원'은 무엇을 의미할까? 사진의 분위기상 사사로이 진행된 부역자 재판을 의미하는 것으로 보인다. 인솔자의 왼팔에 있는 '완장' 권력은 적 점령 상황 때나 '수복' 상황 때나 크게 다르지 않은 것처럼 보인다. 그 옆 도롯가에는 지프차에 올라서서 이 광경을 찍고 있는 또 다른 사진병이 보인다.

〈사진 3-116〉은 미국인 민간사진가 로윈(I. R. Lorwin)이 찍은 것으로, "악의를 가진 이웃의 고발로 부역자 혐의로 체포된 3명의 남성과 2명의 여성이 묶인 채 담벼락 옆에 쭈그리고 앉아 있는" 장면을 포착하고 있다. 사진 글의 설명에 따르면, 이들은 부역했다는 증거는 없었지만, 공산주의

사진 3-113 '수복' 지역에서 한국군과 유엔군을 환영하는 주민들(SC 363233)

사진 3-114 유엔군의 전진을 환영하는 마을 주민들(SC 349887)

사진 3-115 부역자 재판을 받기 위해 이동하는 부역 혐의자들(SC 350350)

사진 3-116 사형 선고를 받고 묶인 채 대기하는 부역자들(*Daily Workers* 1950. 9. 29.)

와 북한군에 동조했다는 혐의만으로 사형 선고를 받았다. 부역자 혐의로 처벌된 사람이 얼마나 되는지 현재로서는 그 규모를 가늠할 수 없지만, 수많은 민간인이 부역자 혐의만으로 '희생'된 것은 분명하다.[10]

10 기존 연구들은 수만 명에서 수십만 명에 이르는 다양한 추정을 하고 있다. 무초 미대사는 12월까지 검거된 부역혐의자가 16만 2,763명이라고 보고한 바 있으며, 내무부 치안국은 한국전쟁 당시 검거된 부역자를 총 55만 915명이라고 서술한 바 있다(이임하, 2011: 155-156).

주제+사진이야기 ❷

38선과 분단의 재현

38선이 군사적 편의에 따라 갑자기 졸속 결정되었다는 학설이 있다. 내용을 보자면, 국무부 · 전쟁부 · 해군부 3부조정위원회(이하 SWNCC)의 지시에 따라 전쟁부 작전국 전략정책단 정책과 소속 본스틸(C. H. Bonesteel)과 러스크(D. Rusk) 두 대령이 1945년 8월 11일 새벽에 30분 만에 한반도 38도 분할선을 그어서 상부로 보고했고, 트루먼 대통령의 승인을 거쳐 일반명령 제1호로 맥아더에게 전달되었다.* 이 안이 8월 14일 소련 측에 전달되어 수락받았고, 38선이 획정되었다는 것이다.

그런데 왜 한반도가 분할되어야 했을까? '조선'은 일본의 식민지였고, 따라서 일본의 '무조건 항복'은 조선의 해방을 의미했다. 그러나 현실은 미국과 소련에 의한 분할점령이었다. 해방이 유예되었을 뿐 아니라 북위 38도선을 기준으로 분할되었던 것이다.**

기존 연구들은 이 분할의 배경으로 미 · 소 · 영 · 중의 한반도 처리 논의, 즉 신탁통치***와 독립 문제가 있음을 지적한다. 1943년 11월 27일 발표된 카이로 선언(미 · 영 ·

---

* 일각에서는 38선 분할과 일반명령 제1호에 대한 구상과 초안이 종전 직전 수일 동안 갑자기 이루어진 것이 아니라 1944년 12월 이래 계속되어 왔고, 포츠담 회담 기간에 38선이 미소 간에 논의되었다는 포츠담 밀약설을 제기하기도 한다(이완범, 2001).

** 이와 달리 전범국 일본은 미 · 소 · 영 · 중 4개국에 의한 분할점령 공동관리안(독일, 오스트리아 모델)이 철회되고 미국에 의한 단독점령안이 관철되어 분할되지 않았다.

*** 신탁통치란 특정한 종속지역이 자치 능력을 갖춰 독립할 때까지 유엔의 신탁을 받은 국가(즉 '관리국가')가 유엔 총회와 신탁통치이사회의 감독 아래 그 지역을 임시적으로 관리, 통치하는 방식을 의미한다.

중) 제3항은 한국을 '적절한 시기(in due course)'에 독립시킬 것을 결의했다. 같은 해 11월 28일 테헤란 회담(미 · 영 · 소)에서는 루즈벨트 대통령이 "한국인이 완전히 독립하기 전에 약 40년 동안의 수습기간(apprenticeship)을 필요로 한다."라고 말했고, 스탈린이 이에 구두로 동의했다. 1945년 2월 8일 얄타 회담에서도 루즈벨트가 스탈린과 나눈 비공식 대화에서도 20~30년의 신탁통치를 제안했고, 스탈린은 그 기간이 짧을수록 좋다고 하면서 동의했다.

4개국의 한반도 신탁통치에 대한 합의는 4개국에 의한 한반도 분할 점령과 민사행정에 대한 구체적 안이 필요했다. 이에 대한 미국의 구상이 SWNCC 176/8(1945. 10. 13.)이다. 이 안은 한국에서의 민사행정 초기 지령으로 맥아더 총사령부에 전달되었는데, 그 내용은 "미소에 의한 분할 점령과 민사행정 → 4개국의 신탁통치 → 국제연합 회원국으로서 한국의 완전 독립"이라는 3단계 원칙을 명시했다. SWNCC 176/10(1945. 11. 23.)은 이에 대한 성명서인데, 미국의 대한(對韓) 초기 정책이 '적절한 시기'에 한국을 독립시키고자 하는 원칙하에서 진행되고 있으며, 소련과의 협력을 통해 분할 점령과 군정에 의한 한반도 통치가 국제적 신탁통치로 계승되어야 함을 천명했다.

그런데 이 원칙이 모스크바 3상회의로 변형을 겪게 되었다. 결의문 2항에서 한국임시정부 수립 등을 위해 미소공동위원회 설립을 명시했다. 이제 한반도의 신탁통치와 독립 과정은 "미소 분할 민사행정 → 한국임시정부 수립 → 4개국의 신탁통치 → 한국 완전 독립"으로 설정되었다(SWNCC 176/23, 1946. 8. 14.).

이 38선 분할이 사실상 분단으로 귀착될 조짐을 보인 것은 1947년 7~8월이었다. 제2차 미소공동위원회 결렬이 기정사실화되자 미국은 모스크바 3상 결의의 노선을 폐기하고 한국 문제를 유엔 이관을 통해 남한만의 단독정부 수립을 입안했다(SWNCC 176/30, 1947. 8. 4.).

이렇게 38선 분할은 한반도 전체의 독립이 아닌 38선 이남에서 반쪽짜리 정부의 탄생으로 귀결되었다. 뒤이어 이북에서도 또 다른 반쪽짜리 정부가 수립되었다. 대한민국 헌법과 국가보안법이 그 존재를 부정하는 만큼 38선의 분단선은 법적으로 이동과 월경 금지선이 되었다. 그럼에도 불구하고 월남/월북하는 난민과 밀무역이 존재했으며, 따라서 이 금단의 선이 완벽하게 차단된 장벽은 아니었다. 3년간의 한국전쟁과 이후 수립된 정전체제(판문점체제)는 이 분단선을 도저히 넘어서는 안 되는 절대적인 적대적 분단선으로 고착화시켰다.

사진 ②-1 미군 13번 전방초소에서 바라본 소련군 초소(SC 282750)

사진 ②-2 13번 전방초소를 경비하는 미군(SC 288638)

사진 ②-3 도로 바닥에 '38'을 쓴 미군 영상카메라맨(SC 288639)

사진 ②-4 38선을 넘어와 미군에 의해 짐을 검색받는 난민 가족(SC 282751)

앞의 사진들은 1947년 6월 25일 개성 이북의 한 국도상에 있는 전방초소에서 촬영한 것으로 38선을 재현한 것이다. 〈사진 ②-1〉은 미군 13번 전방초소에서 이북의 소련 점령지대 쪽으로 찍은 사진이다. 가산도구들을 가득 실은 소달구지와 난민들이 미군 전방초소로 접근하는 장면을 포착하고 있다. 〈사진 ②-2〉는 32연대 G중대 소속 미군 병사 2명이 13번 전방초소의 입구에서 경비하고 있는 모습을 찍은 것이다.

흥미로운 것은 도로 바닥에 누군가 쓴 '38'이라는 숫자다. 〈사진 ②-3〉이 이와 관련한 사진이다. 이 사진을 보면 '38'은 123통신사진파견대 소속 영상카메라맨 맥도널드(J. R. McDonald)가 쓴 것이다. 캡션을 보면, 미군 사진병이 미군과 소련군의 점령지대를 분할하는 38선을 시각적으로 연출하고자 쓴 것으로 보인다.

미군지대 쪽 38선에서는 이북으로부터 넘어오는 난민과 짐에 대한 검색이 이루어졌다. 〈사진 ②-3〉을 보면, 한 미군 병사가 여성의 짐들을 검색하고 있다. 캡션에 따르면, 아이를 업은 여성은 아픈 상태였음에도 불구하고 "재차 이루어진 검색"에 계속 기다려야 했다.

이 사진들은 24군 소속 123통신사진파견대 사진병 워넥스(Warnecks)가 촬영한 것이다. 흥미로운 것은 미군 사진병의 38선 촬영 빈도가 유의미하게 많아진 것은 1947년 6월 전후이다. 앞의 사진들을 포함한 워넥스의 38선 사진 시리즈도 이 시기에 촬영된 것이다. 그렇다면 사진 속 워넥스의 시각은 어떤 상황에서 틀지어진 것이었을까? 미군과 소련 지대(Zone)를 분할한 전방초소의 미군 병사의 경비 상태를 찍고, 그 장소를 넘나드는 사람들의 흐름을 예전보다 엄격한 검문을 통해 제한하는 모습을 찍은 시각의 의도, 의미는 무엇이었을까? 더 나아가 도로상에 '38'을 쓰는 연출을 통해 사진 속에 담으려는 시각의 의미는 무엇이었을까?

이 시점은 제2차 미소공동위원회의 결렬이 예상되던 때였다. 다시 말해 임시적인 38선 '분할'이 사실상의 '분단'으로 귀착될 조짐을 보이던 때였다. 사진 속 미군 병사가 연출한 38선은 이러한 맥락에서 꽤 징후적이었다고 생각된다.

〈사진 ②-5〉는 1947년 10월 20일 사진병 블룸필드(Bloomfield)가 찍은 것으로, 한 미군 병사가 38선을 통과하려는 난민 가족을 바라보고 있는 것을 포착했다. 뒤쪽에는 이 장소가 미군과 소련 지대를 분할하고 있는 38선임을 알리는 표지판이 영어, 러시아어, 한자로 쓰여 있다.

캡션에는 "한 가족이 세 보따리 짐을 가진 채 남북 사이의 경계선(demarcation line)

에 접근했는데, 이 가족은 외관상 보통 난민들과 달리 좋아 보이기는 하지만, 더 나은 삶을 추구하기 위해 남한으로 내려가는 중"이라고 쓰여 있다. 맨발로 앞에 서 있는 남자아이, 그 뒤로 서 있는 여자아이와 어른들의 행색이 좋아 보인다는 판단은 차치하더라도 남루한 몰골의 이북 난민들이 더 나은 삶을 찾기 위해 38선을 넘는다는 인식과 서사는 당시 미군 사진병에게도 일반적이었던 것으로 보인다.

〈사진 ②-6〉은 1947년 말 일단의 해외 특파원과 미국 기자들이 38선을 방문해 사진을 찍고 취재하는 모습을 포착한 것이다. 말뚝에 달린 표지판에는 러시아어, 영어, 한자로 북위 38도선이 쓰여 있다. 한국 문제가 유엔으로 이관되면서 38선이 해외 언론의 관심과 취재 대상이 된 상황을 보여 주고 있다.

〈사진 ②-7〉은 1948년 5월 1일 32연대 G중대 1대대 미군 병사들이 경비를 선 18번 전방초소 아래를 찍은 것이다. 표지판상의 '경고'라는 단어는 남한만의 단독 선거, 단독정부 수립을 앞둔 상황에서 38선의 의미를 되새기게 한다. 이 사진은 이례적으로 뒤늦게 1950년 1월 18일에 언론에 배포된 것도 특징적이다.

〈사진 ②-8〉은 '6 · 25 전쟁' 직전 군사적 긴장이 최고조에 달한 38선 상황을 재현하는 매우 유명한 사진이다. 이 사진은 1950년 6월 18일 주한미군사고문단 사진병 앤더슨 상병이 촬영한 것으로, 미 국무성 고문 덜레스(J. P. Dulles)의 38선 시찰 상황을 포착하고 있다. 덜레스 왼쪽으로 한국군 7사단장 유재흥 준장이 덜레스에게 38선을 따라 대치하고 있는 전술상태를 설명하고 있다. 이 장소는 1950년 6월 25일 북한군 '남침'의 첫 공격 지점 가운데 하나였다.

앞줄 가장 왼쪽은 주한미군사고문단 단장 대리 라이트 대령이고, 덜레스 오른쪽으로 신성모 국무총리 서리 겸 국방부장관과 7사단 선임 고문관 빌렐로(J. W. Bilello) 소령이다. 라이트 대령 뒤로 왼쪽을 보면 한국군 육군 총참모장 채병덕 소장이 무엇인가를 지시하고 있는 장면이 포착되었다. 다시 말해 덜레스가 한국군과 미군사고문단 수뇌부와 함께 북쪽 전방을 주시하며 전선 상황을 시찰하고 있는 것이다. 그래서일까? 이 사진은 그해 가을 북한과 소련이 '한국군에 의한 북침설'의 증거라는 왜곡된 선전에 활용되기도 했다. 그리고 여전히 중국 단동의 항미원조기념관에서는 이러한 맥락에서 이 사진을 배치, 전시하고 있다.

〈사진 ②-9〉는 한국군 3사단의 38선 돌파를 포착한 사진이다. 인천상륙작전 이후 유엔군은 서울을 수복하고 곧이어 전쟁 발발 전 한국의 영토를 회복했다. 그러면서 유

사진 ②-5 38선에서 검문검색을 기다리는 난민 가족(SC 291221)

사진 ②-6 38선을 취재하는 해외 특파원들(SC 298288)

사진 ②-7 38선의 접근을 경고하는 표지판(SC 335805)

사진 ②-8 38선의 전선 상황을 시찰하는 덜레스와 신성모(SC 342614)

엔군은 '38선을 유지할 것인가, 아니면 38선을 돌파해 북진할 것인가'라는 갈림길 앞에 서게 되었다. 결론은 1950년 10월 1일 38선 돌파와 북진 결정이었다. 현재 '국군의 날' 기념일인 10월 1일은 국군 창설의 날이 아니라 38선 돌파의 날을 기념하는 날이다.**** 대한민국이라는 분단국가가 국민에게 "북진을 기념, 기억하자"는 의미심장한 메시지를 매년 발신하는 날이라고 할 수 있다.

그런데 이 사진을 보면, 9월 29일 이미 한국군 3사단이 38선을 돌파했음을 보여주고 있다. 이 사진은 주한미군사고문단 사진 장교 윈즐로 중위가 9월 29일 촬영한 것으로, 캡션에 따르면, "38선을 돌파하는 첫 유엔군 부대가 이를 공표하는 표지판을 들고 있다. 이는 한국군 3사단이 38선 돌파라는 역사적 돌파를 이루었음을 알리기 위한 것"이었다. 사진에서는 한국군 3사단 참모들과 미군 고문단이 함께 웃으며 포즈를 취하고 있다. '38'을 가리키고 있는 미군 장교는 에머리치(R. S. Emmerich) 중령이다. 그리고 정중앙에서 서정철 중령이 정면을 바라보며 활짝 웃고 있다. 총을 들고 있는 미군 병사의 오른쪽은 3사단 23연대장 김종순 대령이다.

〈사진 ②-10〉은 1950년 12월 8일 미 8군 519 헌병대대 그레이브 일병과 왓슨 이병이 피란민을 검문하는 장면을 촬영한 것이다. 캡션에는 미군 헌병이 피란민의 짐에서 밀수품(contraband)을 검색하고 있다고 되어 있지만, 문제가 있는 인식이었다고 생각된다. 사진 속 피란민들은 한겨울에 피란 가는 남부여대의 전형적 모습을 하고 있다. 12월 3일 유엔군이 평양에서 철수했고, 그 뒤를 따라 약 20만 명이 피란하여 내려오고 있었다. 12월 4~5일 양일간 약 5만 명의 평양 인근의 피란민들이 대동강을 건넜다. 많은 피란민이 38선을 향해 물밀 듯이 내려오고 있었다. 이런 상황에서 미 8군은 피란민 이동이 아군의 군사작전과 철수에 방해가 된다는 인식에서 엄격하게 검문하는 피란민 통제 정책을 수립, 실시했다. 추운 겨울에 포착된 38선의 피란민 검문 풍경은 이런 맥락에서 풍부하게 이해될 필요가 있다.

〈사진 ②-11〉은 미 1기병사단이 세운 38선 표지판을 담은 것이다. "1950년 6월 25일 여기에서 전쟁이 시작되었다"는 문구가 매우 인상적이다. 사진병 시몬스(Simons)

**** 일각에서는 국군의 날이 38선 돌파한 날에서 유래한 것이 아니라는 반론도 만만치 않게 존재한다. 1956년 국군의 날 제정 제안서 및 관련 자료에서 38선 돌파에 대한 언급이 전혀 없다는 것을 이유로 들고 있다.

사진 ②-9 한국군 3사단의 38선 돌파 기념 사진(SC 350355)

사진 ②-10 38선에서 짐을 검색받는 피란민들(SC 355235)

사진 ②-11 38선 1주년 기념 표지판(SC 374984)

사진 ②-12 군사분계선 표지판
(SC 469318)

가 1951년 6월 25일 이 사진을 촬영했다는 사실은 전쟁 발발 1주년 38선에서라는 연출적 의도가 있었음을 알게 해 준다.

〈사진 ②-12〉는 1956년 1월 27일 극동공군 사진병 퀸란(Quinlan)이 찍은 것으로, 미 24사단 24 비무장지대 경비중대 헤스터(C. C. Hester) 일병이 군사분계선 너머의 비무장지대를 바라보고 있는 장면을 포착하고 있다. 전쟁 전, 그리고 전쟁 중에도 38선은 넘나들고 돌파되는 곳이었다. 그러나 '군사분계선'과 비무장지대로 재현되는 분단은 도저히 넘나들 수 없는 선이 되었음을 의미한다.

제4장

시각화된 구원, 사각화된 파괴 · 학살

한국전쟁에 대한 기억에서 가장 강력한 이미지 가운데 하나가 미군과 유엔의 구원자로서의 이미지다. 공산악마의 침략을 심판하고 한국을 군사적으로 구원하러 온 '하나님의 십자군' 미군과 유엔이라는 이미지와 한국에 대한 인도주의적 구호와 경제 원조 및 재건에 힘쓰는 구세주 미군과 유엔이라는 이미지가 강력하게 자리하고 있다. 인종적 이미지와 종교적 이미지가 강하게 결합된 이미지는 물리적 · 경제적 유용성을 넘어서 냉전 · 분단체제를 재생산하는 정치적 헤게모니의 기초였다. 미군과 유엔군의 참전과 공산군과의 전투에 대한 모든 시각적 이미지들이 전자에 해당할 것이고, 후자는 미군과 유엔군의 민사 활동, 특히 주한유엔민간원조사령부(이하 UNCACK)의 각종 민간구호 활동, 예컨대 피란민 · 전재민 구호와 보건의료 활동을 시각화한 이미지들이 해당될 것이다. 이러한 시각적 이미지는 당시 각종 보도매체와 삐라 등을 통해 양산되었고, 지금까지도 사진집, 사진전 등을 통해 재생산되고 있다.

그런데 구원이라는 시각화된 이미지의 실체는 무엇일까? 그리고 그 사각은 무엇일까? 구원 이미지의 사각을 통해 그 실체를 파악할 필요가 있다. 이와 관련해 "구원은 다름 아닌 대량 파괴의 이면이자 사후적 수습"이었다는 주장이 흥미롭다. 한국전쟁에서 미군과 유엔군은 대량 폭격 · 포격을 가해 군부대뿐만 아니라 비전투지역에 대량 인명·물적 피해를 발생시키면서 점령 후에는 민간 구호 및 원조(작전)를 수행하는 모순적 상황을 연출했다. 그리고 이 모순을 하나의 통합된 이미지로 봉합하기 위해 "'적'에게는 무자비한 파괴자지만, '우리'에게는 선의의 구원자라는 이미지"를 창출했다는 것이다(김학재, 2010: 19).

현실은 그렇게 봉합된 이미지보다 더욱 잔혹하게 나타났다. 적과 우리를 가르는 경계가 한반도를 톱질처럼 이동하는 전선 상황만큼이나 끊임없이 요동쳤기 때문이다. 군은 적과 우리의 경계를 재설정해 민간인들의 삶과 죽음을 결정하는 권력이 되었다. 그 결과 예컨대 피란민들에게 미군과 유엔군은 자신들을 '우리'로 식별하지 못해 의심하고 무차별적으로 파괴하는 '압도적 파괴자'인 동시에 부상을 치료해 주고 먹을 것을 주며 주거지를 마련해 주는 '숭고한 구원자'였다.

이런 맥락에서 미군(유엔)이 '우리'를 구원하는 것을 재현하는 시각은 '우리'를 파괴하는 사각과 함께 살펴보아야 한다. 그런데 그 사각을 어떻게 확인할 수 있는가? 일차적으로는 적(북한과 중국)의 사진에서 재현되는 시각이 이 사각에 해당할 것이다. 심지어 유엔군의 주요국 일원이었던 영국의 『맨체스터가디언(*Manchester Guardian*)』이나 『데일리워커』의 시각도 그러했다.[1] 특히 『데일리워커』의 위닝턴(A. Winnington) 기자는 미군 사진의 사각이었던 장면, 예컨대 한국 군경에 의한 예비검속자, 보도연맹원, 형무소 정치범 학살 등을 시각적으로 적나라하게 보여 주었다.

그뿐만 아니라 이 사각은 '적'에 대한 파괴와 학살을 재현하는 시각에서도 일부 확인할 수 있다. '우리'로 식별되지 못한 채 '적'으로 간주해 이루어진 파괴와 죽음에 대한 시각이 그러하다. 또한 '우리' 안의 이질성을 재현하는 미군의 시각도 흥미롭다. 한국정부·군경의 자국민 학살을

1 『맨체스터가디언(*Manchester Guardian*)』은 1959년까지 불렸던 영국『가디언(*Guardian*)』의 옛 이름이고,『데일리워커(*Daily Worker*)』는 영국 공산계열의 신문이었다.

촬영한 사진 속 시각을 보면, 미군과 유엔군을 목격자의 위치로 재현하고 있으며, 한국 군경의 비인도적 행위를 보고 기록한다는 식의 시선을 취하고 있다.[2]

이 장에서는 미군이 촬영한 한국전쟁 사진에서 재현되는 '우리'에 대한 원조와 재건의 시각과 파괴와 학살이라는 사각을 분석할 것이다.

1. 시각: 반공인도주의의 구원과 재건 신화의 재현

한국전쟁 당시 민간구호를 전담했던 것은 UNCACK였다. 그런데 이 기구는 세간의 평가처럼 구호물자를 배분하는 유엔원조기구가 아니었다. UNCACK는 미 8군 예하에 창설되어 미 8군 민사부의 지휘를 받았던 군조직[3]으로 애초부터 점령-군정-민사조직의 성격이 가미되어 있었다. 그러다가 중국인민지원군(이하 중국군)의 개입으로 북한 점령지역에서 철수하기 시작하면서 피란민 등 이른바 '인도주의적' 민간 구호 활동을 수행하는 조직으로 전화했다. 여기서 핵심적인 것은 이 인도주의적 활동이 철저히 군사적 목적에 종속된 것이었다는 점이다. 예컨대 UNCACK가 운영했던 민간구호(Civil Relief in Korea, CRIK) 물자 상당수는 미 육군부 예산에서 마련된 것으로, '군사작전에 수반되는 민간 구호'를 의미하는 것이었다(이현진, 2009: 48-49). 한국전쟁기 CRIK 원조액은 급증했으며, 1950~1953년 동안의 원조 총액은 무려 3억 9,814만 5,000달러에 달했다. CRIK 다음

2 이러한 시각의 전쟁사진은 대개 사진의 기록관리(아카이빙) 차원에서 일급기밀로 분류되면서 사실상 사각화되었지만, 2000년대 초 · 중반 기밀이 해제되어 연구자들에 의해 일부 발굴 · 공개되었다.

3 1950년 10월 30일 CAC로 공식 설치되었다가 12월 8일 공식적으로 UNCACK(8201st Army Unit, United Nations Civil Assistance Command, Korea)이라는 이름을 갖게 된 이 조직은 미 8군 사령관의 일반명령 190호에 의해 창설된 군 조직이다.

으로 많은 ECA 원조의 미사용잔금에 의한 SEC 원조[4]도 UNCACK가 이관받아 운영했음을 감안할 때 UNCACK는 한국전쟁기 민간 원조의 실질적인 주관 기관이라 해도 과언이 아니다.[5]

전쟁기 UNCACK의 임무와 활동은 광범위한데, 대체로 시기별로 구별되는 특성이 있다. 창설 초기인 1950년 말에는 북한 점령지역에서의 군정·민사를 포괄적으로 수행하는 것이 임무였지만, 본격적인 활동 수행이 이루어지기에는 그 기간이 너무 짧았다. 1951년부터는 피란민 심사, 관리와 통제, 구호물자 분배, 흥남철수 및 서울 소개(1·4 후퇴)를 위한 작전의 기획, 피란민·전재민과 지역의 보건위생 및 방역, 지역별 형무소 현황과 전시 사법제도 감시 등에 이르기까지 전방위적인 활동을 전개했다. 여기에서는 1951년 1월의 서울 소개와 구호, 보건위생과 재건 관련한 시각을 살펴볼 것이다.[6]

1) '성공적인' 서울 소개

1951년의 '1·4 후퇴'에 대해 다양한 평가가 있다. 그중 하나가 '성공적인' 서울 소개라는 관점이 있다. 전쟁이 발발하던 무더운 여름 한강교를 끊고 서울 시민을 버리고 간 한국정부의 행태와 상반적으로 유엔군 지휘

4 ECA(주한경제협조처) 원조의 미사용잔금에 의한 원조를 SEC(Supplies from Economic Cooperation) 원조라 한다. SEC 원조는 1951년 6월부터 도입되기 시작하였는데, 그 품목은 대체로 ECA 원조물자와 유사한 것이었으며, 1951년 6월부터 1953년 5월까지 총 2,609만 달러에 달하는 원조물자가 도입되었다(한국은행 조사부, 1955: I-207). 1950~1953년 ECA, SEC 원조 규모는 총 8,535만 8,000달러였다.

5 이와 달리 UNKRA는 유엔이 전쟁으로 파괴된 한국경제를 우선 전쟁 전 수준으로 회복시키는 재건사업을 추진하기 위해 1950년 12월 1일 유엔총회 결의에 따라 설립되었다. 그러나 애초의 기대와 달리 UNKRA는 UNCACK 활동과 조정되지 못해 유엔군의 긴급구호 노력을 지원하는 협조 역할로 제한되었으며, 본격적인 활동은 휴전 이후에야 가능했다.

6 이에 대한 역사적 사실 기술은 주로 강성현(2010)을 참조했다.

부는 매서운 추위 속에서도 짧은 기간 서울 소개를 체계적으로 준비해 실행했음에 대한 자찬(自讚)이다.

당시 서울의 인구는 '9 · 28 수복' 이후 146만 7,569명으로 거의 전쟁 전 수준에 도달한 상태였다.[7] 따라서 유엔군으로서는 거의 아무런 소개 조치를 취하지 않은 채 수많은 사람과 물자를 고스란히 적에게 넘겨 주었던 지난 여름의 과오를 반복하지 말아야 했다. UNCACK가 주축이 되어 미 8군과 1군단의 민사팀 등이 나서 12월 13일부터 서울 소개 계획을 준비 · 실행했다. 한국정부도 이에 공조했다. 1951년 1월 3일 중국군이 서울 교두보를 마련하기 위한 공격을 시작한 시점에서도 남쪽으로 소개되는 피란민의 이동은 멈추지 않았다. 전술부대도 후퇴하기 시작했다.

다음 사진들은 이 '1 · 4 후퇴'라고 불리는 서울 소개 · 피란을 포착하고 있다.

이 사진들은 한강에 가설된 부교들을 찍은 것이다. 이 부교들(M2 강철 인도용 부교, M4-M4A2 다리, 철도가 가설된 '슈플라이')은 1월 4일 아침부터 폭파되기 시작했다. 〈사진 4-1〉은 정오부터 철거되던 M4-M4A2 다리인데, 해체가 너무 지체되자 리지웨이(M. B. Ridgway) 미 8군 사령관이 직접 확인하고 나머지 부분을 폭파하도록 명령하는 상황을 포착했다. 〈사진 4-2〉는 그 결과 폭파되는 다리를 찍은 것이다. 유엔군은 이 다리의 파괴로 군사적인 차원에서 '서울 소개'를 완료했다.

다음 사진들은 유엔군의 후퇴와 민간인의 피란 모습을 담고 있다. 당시 '1 · 4 후퇴'로 약 120만 명이 서울에서 피란을 떠난 것으로 추정된다.[8]

〈사진 4-3〉은 1951년 1월 5일 공포에 찬 수천 명의 피란민이 남쪽으로 향하는 도로에 가득 차 있는 모습을 찍은 것이다. 손수레, 자전거, 지

---

7 『동아일보』 1950. 10. 7.

8 이 시기 피란 통계치는 총 피란 수는 비슷하지만, 시기별 피란 수는 자료들마다 상이하다. 예컨대 12월 30일까지의 피란 통계를 비교하면, 미 8군은 약 40만 명으로 추산한 데 반해 서울시장은 약 60만 명, 치안국장은 80만 명으로 추산했다.

사진 4-1 한강에 가설된 부교들의 폭파 준비를 시찰하는 리지웨이 장군(SC 356368)

사진 4-2 폭파하는 한강 가설 부교들(SC 356269)

게에 가득 실은 짐과 말 그대로 남부여대(男負女戴)한 행렬이 쭉 늘어져 있다. 〈사진 4-4〉는 이 피란민 행렬로 군의 후퇴로가 가득 막히자 유엔군이 탱크로 피란민을 길 밖으로 밀어내면서 전진하는 모습을 찍은 것이다.

이 두 사진은 마크(Marks, 계급 미확인)가 찍은 것으로, 이 탱크는 미 8군 89탱크대대 소속으로 서울 이남 약 9마일 밖에서 방어선을 구축하기 위해 남하하는 중이었다는 캡션이 달려 있다. 왜 군이 피란민들을 도로 밖으로 밀어냈는지에 대해 군의 입장과 자신의 사진 시각에 대한 보충 설명을 구구절절하게 한 셈이다.

〈사진 4-5〉는 1월 4일 피란민들이 철도의 무개화차에 각종 가재도구와 아이들을 싣고 밀어 서울 이남으로 향하고 있는 것을 포착한 것이며, 〈사신 4-6〉은 1월 14일 한 남자가 아버지를 업고 차디찬 충주의 한강을 건너 피란 가는 것을 찍은 것이다. 늙은 아버지의 방한모와 업고 가는 장년 남자의 목도리가 튀어 오르는 물방울과 더불어 더 차갑게 느껴진다. 두 사진 모두 맥긴티(J. J. Mcginty) 상병이 찍은 것이다.

한국군과 미군의 공식전사는 이렇게 진행되었던 한겨울의 서울 소개와 피란이 지난 여름의 무계획 · 무대책으로 일관했던 후퇴와 달랐음을 강조한다. 그러나 군의 대민 인식, 특히 피란민 인식의 관점에서 보면, 과연 근본적인 변화가 있었는지 회의적으로 생각된다.

첫째, '1 · 4 후퇴'는 12월 3일 유엔군의 평양 철수와 연결하여 생각해 볼 필요가 있다. 당시 평양에는 북쪽에서 내려온 피란민만 해도 약 20만 명이 있었다. 그러나 미 8군은 피란민 이동이 아군의 군사작전과 철수에 방해가 된다는 이유로 피란민과 평양 시민을 소개시키기 위한 계획을 마련하지 않았다. 한국군 역시 마찬가지였다. 김종원 평양지구 헌병사령관은 같은 이유로 심지어 소개 · 피란 자체를 막았다. 그럼에도 대동강 이남 지역의 주민은 후퇴하는 유엔군을 따라 피란을 떠났다. 데스퍼의 유명한 사진에서 확인할 수 있듯이, 대동강 철교가 피폭되어 끊어져 있었기 때문에

사진 4-3 1 · 4 후퇴에 남으로 이동하는 피란민들(SC 355576)

사진 4-4 피란민을 길 밖으로 밀어내며 남으로 이동하는 유엔군 탱크(SC 355570)

사진 4-5 무개화차에 각종 가재도구를 싣고 남으로 이동하는 피란민들(SC 356267)

사진 4-6 아버지를 업고 강을 건너는 피란민 남성 (SC 356353)

이들은 강을 건너기도 쉽지 않은 상황이었다. 4~5일 양일간 약 5만 명의 피란민들이 강을 건넜다. 게다가 12월 5일부터 유엔군은 평양을 적성지대로 선포하고 강을 건너는 사람들을 적으로 간주해 폭격과 기총소사를 가했다. 지난 여름의 서울 잔류 상황의 오류를 반복하는 상황이 연출되었던 것이다.

둘째, '1 · 4 후퇴'는 조직적이고 체계적인 소개 정책의 수립과 실행이라는 변화에도 불구하고 소개된 민간인과 피란민의 입장에서 보면 지난 여름과 마찬가지로 불행한 것이었고, 그들이 겪어야 했던 고초와 피해는 상당한 것이었다. 피란민 인식과 정책에서 여전히 피란민 대열 속의 적 오열 침투와 불순분자를 경계하는 것이 실제 위험에 비해 지나치게 강조되었다. 매우 엄격한 피란민 이동제한 정책이 실시되었다. 지난 여름과 달라진 점이 있다면, '살 길'을 찾아 이동제한을 위반하게 된 피란민들에게 발포 명령을 '숨겨진 명령'이 아닌 '분명한 명령'으로 하달했다는 점이다.[9] 피란민 무리에 '불순물'이 섞여 있을 수도 있다는 잠재적 가능성이 일부 피란민을 죽음으로 몰고 갔다.

셋째, '1 · 4 후퇴'는 서울이라는 도시로부터의 민간인 소개로 끝나는 것이 아니었다. 민간인들은 각자가 알아서 대열을 이루고 정부가 지정한 피란지로 이동해야 했다. 그러나 피란 대열은 대부분 노인과 여성, 아이들로 구성되어 있어서 이동이 상당히 더딜 수밖에 없었다. 일가족의 피란을 책임져야 할 '장정들' 상당수가 '제2국민역'으로 국민방위군에 소집되었기 때문이다. 게다가 피란길은 국도가 유엔군의 의해 통제되고 있어서

9 미 8군 사령부는 아군의 전선이나 주 보급로에 접근하는 피란민들에 대해 발포를 명백하게 명령했다. 심지어 미 1기병사단은 병사들이 아군의 작전지역이나 전선을 통과하는 민간인을 허용할 경우 100달러 상당의 벌금을 물게 했다. 미 2보병사단의 정보장교들은 1951년 6월에 피란민, 특히 노인과 여성, 아이들에 대해서는 발포하지 않도록 통제정책을 수정하자고 제안한 바 있었는데, 이는 피란민에 대한 발포가 빈번하게 발생했음을 반증하는 것이다(Conway-Lanz, 2007: 36).

지도 4-1 미 8군 피란민 유도 정책(NARA RG 550 Entry A-1 Box 80)

- ——— 주보급로 • ——— 허용된 피란길
- ——— 가능하면 최대한 이 지역 밖으로 피란민을 내보낸다. 대전에서 피란민 이동은 없다.
- ——— 모든 피란민을 이 지역 밖으로 내보낸다. 대구의 피란민들은 전라도로 이동시킨다. 부산의 피란민들은 거제도와 제주도로 이동시킨다.

• 기타 지시사항

1. 대전 이남의 주보급로에는 어떠한 민간용 차량도 금한다.
2. 대전 이남의 차량에는 민간인 자체를 금한다.
3. 대전 이남의 열차에는 이리를 제외하고는 어떠한 피란민도 금한다.
4. 헌병은 피란민 통제에 책임이 있으며, 경찰 및 한국군 헌병과 협력한다.

좁은 도로나 산길 등을 이용해야 했다. 최악의 식량 사정과 추위 속에서 아사자와 동사자가 발생했고, 여러 고초를 겪으며 흩어지게 되는 경우도 다반사였다. 어쩌다 국도로 접근하면 헌병의 발포에 노출되는 위험천만한 상황을 겪기도 했다. 밤에는 잃어버리거나 버려진 아이들도 많았다.

〈지도 4-1〉은 미 8군이 피란민 문제를 군사작전의 방해물로 인식해 남서쪽과 전라도 지역으로 유도했음을 잘 보여 준다.

2) 구호와 보건위생, 그리고 재건

이렇게 허용된 피란길을 따라서 지정된 피란지에 도착하면, 피란민들은 도(province)의 진입 지점의 주요 도로 교차점, 항구, 열차 터미널에 설치되어 있는 검문소(processing station)로 가서 경찰로부터 '사상 온건성' 심사를 받고 자신이 불온한 자가 아님을 증명해야 신분증을 발급받았다. 피란민은 원주민이 아니었기 때문이다. 그 이후에야 비로소 피란민들은 상설 혹은 임시피란민 수용소에 수용되거나 혹은 방치된 채 자력갱생해야 했다.

그런데 대구와 부산으로 들어온 피란민들 가운데 일반 피란민, 즉 중요 군인·경찰·공무원 등의 가족을 제외한 '기타 피란민'의 범주에 해당하는 사람들은 전라도의 주요 도시나 제주도로 분산 소개되었다. 때때로 이는 강제적이고 폭력적 방식으로 이루어졌으며, 국회에서 논란이 되기도 했다.[10]

이렇게 피란민을 지역별로 수용하고 관리한 것은 한국정부(국방부, 내무부, 사회부)였지만, 피란민 구호를 위한 식량, 의복, 담요 등의 물자 원조와 수용소 건설을 위한 건축자재의 공급은 UNCACK가 맡았다. 다음 사진들은 바로 이 UNCACK의 피란민 구호 활동을 포착하고 있으며, 이는 언론

10 『동아일보』 1951. 1. 21.

을 통해 자유세계에 알려지고, 삐라를 통해 적들에게도 널리 선전되었다.

다음 두 사진은 민간원조 담당 미군이 피란민들에게 조곡 상태의 쌀을 나눠 주는 장면을 포착한 것이다.

〈사진 4-7〉을 보면, 한국 경찰이 피란민으로 보이는 남자의 보자기에 쌀을 나눠 주고 있으며, 그 모습을 한 미군 중사가 주의 깊게 살펴보고 있다. 캡션에 따르면, 이 장면은 1951년 1월 13일 천안에서 '배고픈 피란민' 들에게 1군단 민간원조부 소속 피스크(V. R. Fisk) 중사의 감독하에 쌀을 나눠 주고 있는 것이다. 이 사진은 구원에 대한 전형적인 시각 구도를 보여 주고 있다. 여기에서 구원자는 쌀을 퍼 주고 있는 한국 경찰이 아니라 그것을 세심하게 살피고 있는 자애로운 표정의 미군인 것이다.

이와 비교할 때 〈사진 4-8〉은 다소 흥미롭다. 이 사진은 모리슨(D. W. Morrison) 일병이 1951년 8월 22일 춘천의 미 9군단 집결지점에서 찍은 사진으로, 9군단 소속 민간원조 담당 한국인 스태프가 피란민에게 쌀을 나눠 주고 있다. 그 뒤에 미군으로 추정되는 2명이 서 있지만, 얼굴도 확인할 수 없을 정도로 단지 배경으로 처리되었다. 이러한 구도에서 구원자는 한국인 '미군'인 것이다.

다음 두 사진은 고아들을 포착하고 있다. 〈사진 4-9〉는 부모를 잃고 움막에서 지낸 고아 남매에게 전투식량(C-Ration)을 나눠 준 미군이 포즈를 취하고 있다. 캡션에 따르면, 이 고아 남매는 미 3보병사단 65연대의 전투 지역 근처에서 발견되었다. 두 미군 상사가 아이들의 앞에 식량을 놓고 앞뒤에서 보호하는 자세를 취하고 카메라를 응시하고 있는 데 반해 누나로 보이는 여자아이는 남동생과 달리 무심한 눈빛으로 다른 곳을 응시하고 있다. 미군의 인도주의적 구원을 연출하는 시각에서 이질적인 응시가 발생한 것이다.

〈사진 4-10〉은 부산의 한 피란민 수용소에서 한 여성(신옥주)이 자신의 딸과 친구에게 옷을 입히고 있고, 이를 UNCACK의 한 공중보건 담당관이 지켜보며 도와주고 있는 장면을 포착한 것이다. 이 옷들은 트럭에 실려 있는

사진 4-7 한국 경찰이 피란민들에게 쌀 배급하는 것을 지켜보는 민간원조 담당 미군 (SC356333)

사진 4-8 피란민에게 쌀을 배급하는 민간원조 담당 한국인 미군(SC 379150)

사진 4-9 움막의 고아들에게 전투식량을 나눠 준 미군(SC 369751)

사진 4-10 피란민 여자아이들이 구호물자로 받은 옷을 입는 것을 도와주는 UNCACK 요원(SC 421651)

많은 옷 포대에서 알 수 있듯이, 미국인대한구호단체(ARK)를 통해 미국에서 수집한 것이다. 〈사진 4-9〉와 대비되는 것은 UNCACK 장교의 응시 방향이다. 사진병은 카메라와 상관없이 아이들을 세심하게 살피는 장면으로 포착함으로써, 또한 배경에 'ARK'가 선명하게 찍힌 옷 포대들을 포착함으로써 유엔·미국의 인도주의적 구호를 더욱 효과적으로 연출했다.

다음 두 사진의 공통된 피사체는 배급 음식이다. 둘 다 같은 날(1952년 12월 19일) 데니스(J. ST. Denis) 일병이 찍었다. 캡션에 따르면, 〈사진 4-11〉은 UNCACK 서울팀이 서울고아원에서 서울시 사회부 관리들을 상대로 건조식량의 요리법을 보여 주고 있는 장면이다. 고아들에게 배급될 음식인 것이다. 〈사진 4-12〉는 UNCACK 서울팀의 한 장교가 서울 성동구의 한 급식소에서 피란민 가족에게 수프(우유와 약간의 곡물로 혼합해 끓인 것) 배급을 지켜보는 모습을 포착한 것이다.

당시 피란민들에게, 그리고 한국인들의 기억 속에 유엔군·미군의 인도주의적 이미지가 강렬하게 각인된 것은 이처럼 UNCACK의 활약상이 크게 작용한 것이었다. 그들의 활약상은 항상 한국정부의 사회부 당국의 무능력과 대비되곤 했다. 일부 관리의 부정부패와 구호물자 배급체계의 왜곡으로 인한 문제가 심각했고, 그로 인해 많은 피란민들이 아사, 병사하는 사태가 속출했다. 이 상황을 두고 한 피란민 수용소 소장은 "사회부, 보건부 양 당국을 가리켜 허울 좋은 그림의 떡"이라고 비난하기도 했다. 그는 "도저히 사회부만 믿고 있을 수가 없어 UNCACK 당국과 직접 교섭하여 그 후부터는 하루도 어김없이 구호미를" 얻었으며, 그 이후로 아사자가 발생하지 않았다고 증언한다.[11]

UNCACK가 피란민 구호 활동 못지않게, 어쩌면 그보다도 더 중시했던 활동이 바로 보건위생 활동이다. UNCACK은 전쟁 동안 전염병이

11 『조선일보』 1951. 5. 8.

사진 4-11 고아원에서 서울시 사회부 공무원들에게 건조식량 요리법을 보여 주는 UNCACK 서울팀(SC 421660)

사진 4-12 급식소에서 피란민들에게 스프 배급하는 것을 지켜보는 UNCACK 장교 (SC 421662)

발생·확산되자 1951년 2월부터 '전 한국인에게 접종을', '전 한반도의 DDT화'를 외치며 전염병 대책을 수행했다. 접종과 DDT 살포는 거대한 전염병 방지의 방어막이었다. 동시에 접종과 살포는 보건위생이 확실하게 한국인의 일상에 자리 잡게 된 과정이었다. 그 결과 두창, 발진티푸스, 장티푸스 등 급성전염병이 급격하게 감소했다. UNCACK의 의료반(팀)에서 조직된 크고 작은 보건진료소가 이들 작업을 수행하는 장소였다. 보건진료소를 통해 UNCACK는 전염병 예방뿐만 아니라 질병에 대한 정확한 보고와 통계, 위생에 대한 훈련, 위생 담론을 전개했다(이임하, 2013: 327, 353).

다음 사진들은 UNCACK의 보건위생 활동을 포착하고 있으며, 이 사진들도 반공인도주의의 선전전 맥락에서 널리 활용되었다.

〈사진 4-13〉, 〈사진 4-14〉는 모두 1951년 1~2월에 찍은 사진으로 전형적인 DDT 살포 이미지를 담고 있다. 〈사진 4-13〉은 한국 경찰이 천안에서 피란민에게 DDT를 살포하는 장면이다. 캡션에 의하면 사진 중앙에 있는 1군단 민간원조부 피스크 중사가 DDT 살포를 지도하고 있는데, 가능한 온몸에 살충가루를 분사하도록 하고 있다. 〈사진 4-14〉 역시 UNCACK 위생장교 제이콥스(J. N. Jacobs) 대위와 공중보건부 반 봄멜(L. B. Van Bommel) 박사가 대구의 한 검문소에서 피란민들에 대한 DDT 살포가 제대로 진행되고 있는지 감독하고 있다.

〈사진 4-15〉, 〈사진 4-16〉은 226통신대 사진병 코헨(J. Cohen) 상병이 1951년 12월 13일 대구에서 찍은 사진으로, 서울에서 피란 온 국민학교의 학생들을 대상으로 DDT 살포가 진행되고 있는 장면을 포착한 것이다. 〈사진 4-15〉를 보면 학생들을 일렬로 세우고 온몸에 DDT를 살포하고 있으며, 그 뒤로 6개의 천막에서 나온 학생들이 순서를 기다리고 있다. 〈사진 4-16〉은 그 가운데 한 학생에 대한 DDT 살포를 클로즈업한 사진으로 관계자들이 포즈를 취한 모습으로 보아 선전용 사진인 것으로 보인다. 어린 학생의 시선을 맞추는 듯 앉은 채 아이의 팔을 잡고 있는

사진 4-13 피란민에게 DDT를 살포하는 한국 경찰(SC 356334)

사진 4-14 피란민에게 DDT를 살포하는 민간원조 담당 미군(SC 358348)

사진 4-15 피란민 국민학교에서 DDT를 살포하는 UNCACK 1(SC 386993)

사진 4-16 피란민 국민학교에서 DDT를 살포하는 UNCACK 2 (SC 386994)

군인은 UNCACK 경상북도팀 장교인 존스(T. N. Jones) 중령이다. 그 뒤로 UNCACK와 세계보건기구 소속 민간인 직원들이 DDT 살포를 지켜보고 있다.

UNCACK는 당시 급성전염병 가운데 두창, 장티푸스, 발진티푸스를 치명적인 적으로 간주하면서 우선적으로 대응했다. DDT 살포는 발진티푸스의 병인 리케차를 옮기는 이와 진드기를 살충하기 위한 것이었다. DDT는 사람뿐만 아니라 건물, 배수관 등에 살포되었다. 특히 사진에서처럼 도시로 들어오는 입구를 막고 사람들에게, 그리고 피란민이 들어오는 길이나 철도역, 공공건물에 뿌려졌다. 1951년 1월부터 10월까지 DDT 세례를 받은 수는 1,541만 6,758명에 달했다(이임하, 2013: 341-343).

다음 두 사진은 전염병 예방접종 모습을 찍은 것이다. 〈사진 4-17〉에서는 UNCACK 공중보건부 소속 반 봄멜 박사가 피란민에 대한 두창 예방접종 모습을 지켜보고 있다. 이 사진을 찍은 브리검(R. Brigham) 상병은 〈사진 4-14〉를 찍은 사진병으로, 두 사진은 같은 날, 같은 장소에서 촬영된 것이다. 다시 말해 대구로 들어오는 피란민 검문소에서 DDT 살포와 전염병 예방접종이 모두 이루어진 것이다. 1951년 1월까지 일부에 제한되었던 예방접종은 2월 '전 인구의 접종'이 결정된 이후 확대되었다. 피란민, 환자 발생 지역민 등에 제한되었던 접종이 모든 한국인으로 확대 실시된 것이다. 〈사진 4-18〉이 이와 관련한 이미지다. 이를 위해 UNCACK는 도, 시, 군별 전국 인구조사를 실시했고, 예방접종 통계를 산출했다. UNCACK는 그 성과를 「1952년 4월 30일 반월간 종합보고서」에 다음과 같이 자랑스럽게 평가하고 있다.

> 남한의 종합적 보건 상태는 상당히 좋아졌다. 전염병은 점점 감소하고 있다. 1951년 1~4월과 1952년 1~4월을 비교해 보라. 이 기간 동안 두창의 발생은 2만 6,000명에서 576명으로, 장티푸스는 4만 8,000명에서 1,847명으로, 발진티푸스는 2만 3,500명에서 543명으로 감소했다. 두창과 발진티푸스 프로그

사진 4-17 피란민의 두창 예방접종을 지켜보는 UNCACK(SC 358347)

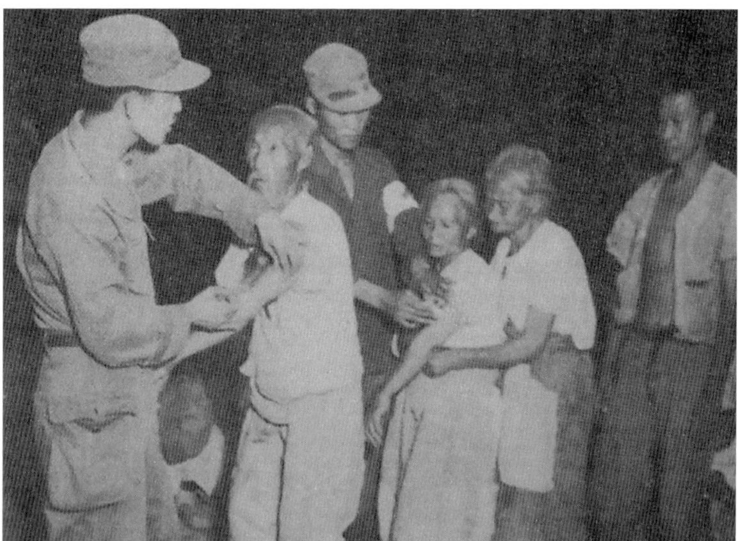

사진 4-18 UNCACK의 피란민 예방접종 활동("UNC Civilian Relief and Economic Aid-Korea" 1950. 7. 7.~1951. 9. 30.)

램은 몇몇 지역을 제외하고 완료되었다. 이는 접종과 위생 프로그램이 효력 있음을 보여 준다(이임하, 2013: 341).

UNCACK의 활동은 피란민 · 전재민을 위한 구호, 보건위생 활동에 그치지 않았다. 이들의 귀향 및 재정착을 위해 다음 사진들처럼 수용소, 집, 고아원, 학교를 짓거나 수리하는 사업을 벌였다.

다음 사진들은 UNCACK가 관계 기관과 협력해 진행한 피란민 '집짓기 사업'을 찍고 있다. 〈사진 4-19〉는 1951년 8월 31일 대구 근처에서 미8군 민간원조부가 제공한 자재들을 이용한 피란민 집짓기 사업을 포착하고 있다. 미군 장교들이 집짓기의 과정을 관리 감독하고 있으며, 그 옆에서 아이들이 구경하고 있는데, 한 미군 장교가 다시 그 아이들의 모습을 지켜보고 있다. 미군과 (한국인)아이의 시선 교차는 이 사진의 또 다른 피사체인 집(짓기)의 성격을 잘 드러내 주고 있다.

〈사진 4-20〉도 같은 맥락에 있다. 같은 해 12월 17일에 찍은 이 사진에는 "대전시청이 UNCACK의 감독 아래 나무와 흙벽돌로 지은 집으로 피란민 10가족의 거처가 될 집"이라는 캡션이 달려 있다. 〈사진 4-19〉와 차이가 있다면, 일렬 형태로 지어진 피란민 집을 바라보고 있는 미군들이 그림자로 포착된 것이다. 이 사진을 찍은 226통신대 사진병 데이비스(Davis) 일병이 의도한 것인지는 모르겠지만, 그림자로 재현된 UNCACK 활동의 의미가 의미심장하게 다가온다.

다음 두 사진은 1952년 8월 29일 UNCACK 사진병 셰흐트만(L. Shechtman) 일병이 거제도에서 건설 중인 중학교와 피란민 집을 찍은 것이다. 〈사진 4-21〉은 UNCACK가 제공한 자재로 건설 중인 거제 제1중학교의 공사 현장을 한국 중학생들이 구경하고 있는 장면을, 〈사진 4-23〉은 UNCACK의 모스(J. Moss) 소령이 창문 제작을 관찰하고 있는 것을 포착한 것이다.

지금까지 설명했던 대로 UNCACK는 민간인을 안전지역으로 소개하고,

사진 4-19 피란민 집짓기 사업을 관리 감독하는 UNCACK(SC 379351)

사진 4-20 UNCACK의 원조로 지어진 피란민 집(SC 387331)

사진 4-21 UNCACK의 원조로 건축 중인 중학교 공사 현장(SC 421640)

사진 4-22 창문 제작을 지켜보는 UNCACK 장교(SC 421641)

원조·구호물자의 통관, 운송, 보관, 배분을 관리했을 뿐만 아니라, 피란민·전재민을 위한 구호 및 보건위생 활동, 귀향 및 재정착 사업을 수행했다. 피란민·전재민들에게 식량(쌀)을 배급하고, DDT를 살포하고 예방접종을 시키며, 천막수용소, 고아원, 학교, 집을 짓는 수많은 사진들, 그리고 전쟁고아, 전쟁미망인, 노인들의 변화하는 표정(특히 웃는 표정)을 포착하고 반응을 살피는 사진들, 이런 것들이 반공 인도주의의 차원에서 프로파간다(propaganda)로 활용되기 위해 생산된 측면이 없지 않지만, 그렇다고 해서 UNCACK의 기능과 역할을 전적으로 모두 선전 차원에서만 설명하는 것은 무리다. 군사작전과 갈등하지 않는 제한된 범위 안에서 인도주의적 실천을 이행하고자 했다. 무엇보다 UNCACK와 직접 대면하고 접촉한 경험이 있던 대부분의 피란민·전재민 및 언론의 시선도 이를 인정하고 감사하는 태도를 보였다.

이러한 UNCACK의 사업들과 활동의 내용과 성격은 정확하게 평가되고 그 한계 역시 명백하게 지적될 필요가 있다(강성현, 2010: 193-194).

첫째, UNCACK의 사업과 활동은 군사작전의 지원 차원에서 수행되었고, 군사작전과 갈등하지 않는 범위에서만 이루어졌다. 즉 피란민 구호, 보건위생, 재정착을 위한 집짓기 사업 등 이른바 '민간원조(civilian relief)'는 총력전체제하에 '후방'을 관리하는 군사작전의 관점에서 경제원조와 함께 연동해 입안되고 이행된 것이다. 당시 국제적으로는 제2차 세계대전의 결과들을 반성하고 교훈으로 삼아 전쟁포로와 함께 피란민과 민간인을 보호하기 위한 제네바협약이 발효 중에 있었다. 한국전쟁은 이 국제협약 발효 이후의 첫 국제전이었으며, 따라서 이 협약이 견지하는 인도주의적 기준이 얼마나 지켜질지가 국제적 관심사였다. 그러나 이러한 인도주의적 기준은 군사상 전술적 목적과 방법에 상충될 때 후순위로 밀렸다. 개인보다 국민이, 국민보다 국가가 우선한다는 국가안보 논리가 전쟁상황 논리와 결합되면서 인도주의는 '자유세계'의 이데올로기적 우월성을 선전할 때 언급될 뿐이었다. 더 나아가 이 인도주의는 반공인도주의로 변형되었는데, 이는 '자유세계'를 선택하여 남하했고 스스로 적의 '불순분자'가 아님을 입증할 수 있는 사람들만 보호받을 수 있는 피란민이자 민간인으로 처리했다. 다시 말해 스스로 입증할 수 없었던 그 나머지들은 구호받지 못하고 희생되었다. UNCACK는 그런 국제정치를 배경으로 군사작전의 차원에서 탄생했으며, 따라서 그 사업과 활동을 순수하게 인도주의적으로만 평가하기에는 현실과 거리가 있다.

둘째, UNCACK의 조직 기능은 상당히 비효율적이고 중복적이었으며, 요원의 자질과 전문성 등에도 논란이 있었다. 무엇보다 이들의 활동은 한국정부와 갈등하는 경우가 많았다. 당시 UNCACK는 각 도의 주요 도시에 하부 지역팀을 두고 한국정부의 지방행정기관과 연계하여 활동했다. 그러나 이 둘 간의 "긴밀한 연락과 공조"는 명목적인 것으로 보일 정도로 갈등 상황이 자주 연출되었다. 한국 구호당국의 관료들은 UNCACK 요원들이 내정에 간섭하고, 통역관에 너무 의존적이며, 한국 상황을 제대로 이해하고 있지 못하며, 교육 수준이 낮고 미숙하고 제멋대로일 때가 많다고 불만을 표출하곤 했다. 이에 대해 UNCACK 요원들은 자신들의 역할이 자문과 감독임에도 불구하고 한국정부의 말단행정조직 미비로 자신들이 직접 배급에 나서 업무가 폭주상태에 있는 실정이며, 무엇보다 한국 측의 배급 왜곡과 횡령이 발생하고 있다고 토로했다. 이 때문에 한국정부도 UNCACK도 피란민·전재민 구호에 대한 책임을 서로에게 떠넘기는 상황이 발생하곤 했다. 유엔군 내부에서도 UNCACK 조직의 비효율성과 다른 유사 기구들과의 업무 중복에 대한 지적이 나오기도 했다. 이를 해결하기 위해 유엔군은 G-5(민사)를 신설하고 민사 담당 기구들 간의 지휘·협조 계통을 수차례 재조정했다. UNKRA(유엔한국재건단), UNCURK(유엔한국통일부흥위원단)를 비롯해 미 8군의 지휘계통에 있는 UNCACK와 각 군단·사단 민사부, 제2병참사령부의 민사부 등 전황의 국면에 따라 업무 중복을 해결하고 일원화하기 위한 시도를 했지만, 쉽게 해결되지는 않았다.

셋째, UNCACK는 한국정부뿐만 아니라 해외 여러 공적·사적 원조기구와도 갈등하는 경우가 있었다. 유엔군 사령부는 인도주의보다 군사적인 고려를 최우선에 두었기 때문에 각종 국제기구와 민간단체에 의한 자발적 지원과 기부를 반드시 UNCACK를 통하도록 제한했다. 군사작전 방해를 방지한다는 명분을 세워 구호물자를 수송하기 위한 선박이나 하역을 위한 항구 사용, 수송과 배급 등 구호사업과 활동의 전 과정을 군의 지휘와 감독에 따르도록 강제했던 것이다. 당연히 반발이 컸고 일부 국제기구와 민간단체는 구호사업을 중단·포기했다. 그리고 UNCACK의 독점적 활동이 오히려 피란민·전재민 구호에 방해가 되는 측면도 있음을 지적하기도 했다.

2. 사각: 아군의 파괴와 학살

1) '무차별 대량폭격'과 민간 피해

'부수적 피해(collateral damage)'란 말이 있다. 이 용어는 정당한 군사 목표가 아닌 사람이나 사물에 대해 비의도적 혹은 우발적으로 입힌 상해나 손해를 의미하는 군사적 용어다. 미 공군 전사는 한국전쟁에서의 폭격으로 인한 민간 피해를 '부수적 피해'로 규정하고 있으며, 한국정부 역시 현재까지 이를 두고 국가의 존망이 걸린 긴박한 시기였고 군사적 필요가 민간인 보호 규범 준수보다 더 컸다는 판단 아래 미 공군 전사의 규정에 동조하고 있다.

그러나 이와 대조적인 주장도 있다. 특히 최근에 이루어진 진실화해를 위한 과거사정리위원회의 미공군 폭격에 대한 보고서나 학계의 연구들은 미 공군 폭격이 '무차별 대량폭격' 양상을 띠었고, 그로 인한 민간인·피란민 인명·물적 피해가 막대했음을 논증하고 있다.[12]

미 공군의 공중폭격과 그것이 초래한 결과는 한국전쟁 사진에서도 흔히 찾아볼 수 있다. 대개 이 사진들은 첨단 과학기술이 적용된 미 공군 무기체계의 압도적 우위를 선전하기 위해 촬영된 사진들이다. 그리고 폭격기사령부에서 작전으로서의 폭격 결과를 평가하기 위해 사진정찰의 결과 생산된 사진들도 있다. 또는 드물지만 미 공군의 공중폭격(특히 네이팜탄 폭격) 아래에서도 살아남은 피해자를 포착한 장면에서 의도하지 않게 드러난다. 다음의 사진들이 이런 맥락에서 생산된 것이다.

〈사진 4-23〉은 1950년 8월 16일 왜관지역(현 경북 구미시 형곡동 일대)에 대한 '융단폭격' 장면으로 실제 폭격 과정에서 촬영되었다.[13] 사진 캡션은 "육군의 요청에 따라 8월 16일 실시된 B-29기 대량폭격의 현장을 보여 준다"고 적혀 있다. 그런데 폭격이 이루어진 장소는 시무실과 사창마을로 각각 70호와 60호의 민가들로 구성된 촌락마을이었다. 이곳에 B-29기를 동원하여 가로 5.6km, 세로 12km 직사각형 구역에 3,084발의 225kg짜리 파괴폭탄과 150개의 450kg짜리 파괴폭탄을 무차별 폭격한 것이다(김태우, 2013: 231-233). 그 결과는 유엔군 스스로 인정했고, 북한군이 조롱했듯이 군사적으로 완전히 '헛방'이었다. 대신에 그 지역에 있던 2개의 마을은 흔적 없이 사라졌고, 인근에 있던 피란민들도 불바다에 휩싸인 채 사라져 갔다. 아군 지상 지원 작전이든, 적군 차단 작전이든, 이와 같은 '맹목폭격'으로 수많은 민간인들이 쓰러져 갔다. 오폭은 전선의 아군도 비켜나가지 않았다. 이것이 바로 이리역과 조차장을 비롯한 남한의 주요 역과 조차장, 그리고 도시와 농촌에 대한 '융단폭격' 신화의 실체다.

---

12 학계의 연구와 관련해 특히 한국에서는 김태우(2013), 미국에서는 Conway-Lanz(2006)의 연구가 주목된다.

13 〈사진 4-23〉, 〈사진 4-24〉, 〈사진 4-25〉는 서울대학교 통일평화연구원의 김태우 교수가 제공함.

사진 4-23 경북 왜관 융단폭격

〈사진 4-24〉는 7월 16일 용산지역 폭격장면을 촬영한 것이다. 캡션에 따르면, "공군의 B-29기들이 최근의 공중공격에서 한국의 서울지역 조차장을 공격했다"고 되어 있다. 당시 서울 조차장 폭격은 정밀폭격, 즉 맹목폭격이나 다름없는 레이더폭격 대신 폭격의 정확도를 높일 수 있는 육안폭격을 엄격하게 지시받은 상황에서 수행되었다. B-29기 47대가 작전에 동원되어 총 1,504발의 225kg 파괴폭탄이 용산지역에 투하되었고, 그 결과 조차장 내 철도차량과 철로, 철도공장 등이 파괴되었다(김태우, 2013: 244-246). 그러나 이 정밀폭격은 이름과 달리 사진상의 조차장만을 폐허로 만든 것이 아니었다. 손정목과 김성칠 교수의 회고에 따르면, 인근 용산 일대가 쑥대밭이 되었다(손정목, 2005: 56-59; 김성칠, 1994: 108). 무엇보다 대한민국 공보처 통계국의 수복 직후 서울지역 피해 통계치도 이를 잘

사진 4-24 서울 용산 조차장 폭격

보여 준다. 용산구가 전체 사망자 수와 공중폭격으로 인한 사망자 수 부분에서 가장 수치가 컸다(대한민국국방부정훈국전사편찬위원회, 1951: D12). 정책적으로 정밀폭격을 추구했지만, B-29기의 높은 오폭률과 전폭기의 호위사격 등으로 인해 사실상 불가능했던 것이다.

〈사진 4-25〉는 민간인들이 거주하는 농촌 촌락에도 북한군 병력과 보급품의 이동을 차단하기 위해 폭격 표적으로 설정되기도 했음을 잘 보여준다. 김태우에 따르면, 이 사진은 7월 24일 B-26 경폭격기의 남한 농촌지역 폭격 장면을 담았다.

> 위에서 내려다본 마을의 풍경은 1950년대 여느 남한의 농촌처럼 한가롭고 고요하다. 낙하산 끝에 매달린 폭탄들 또한 고요히 마을 위를 부유한다. 사진

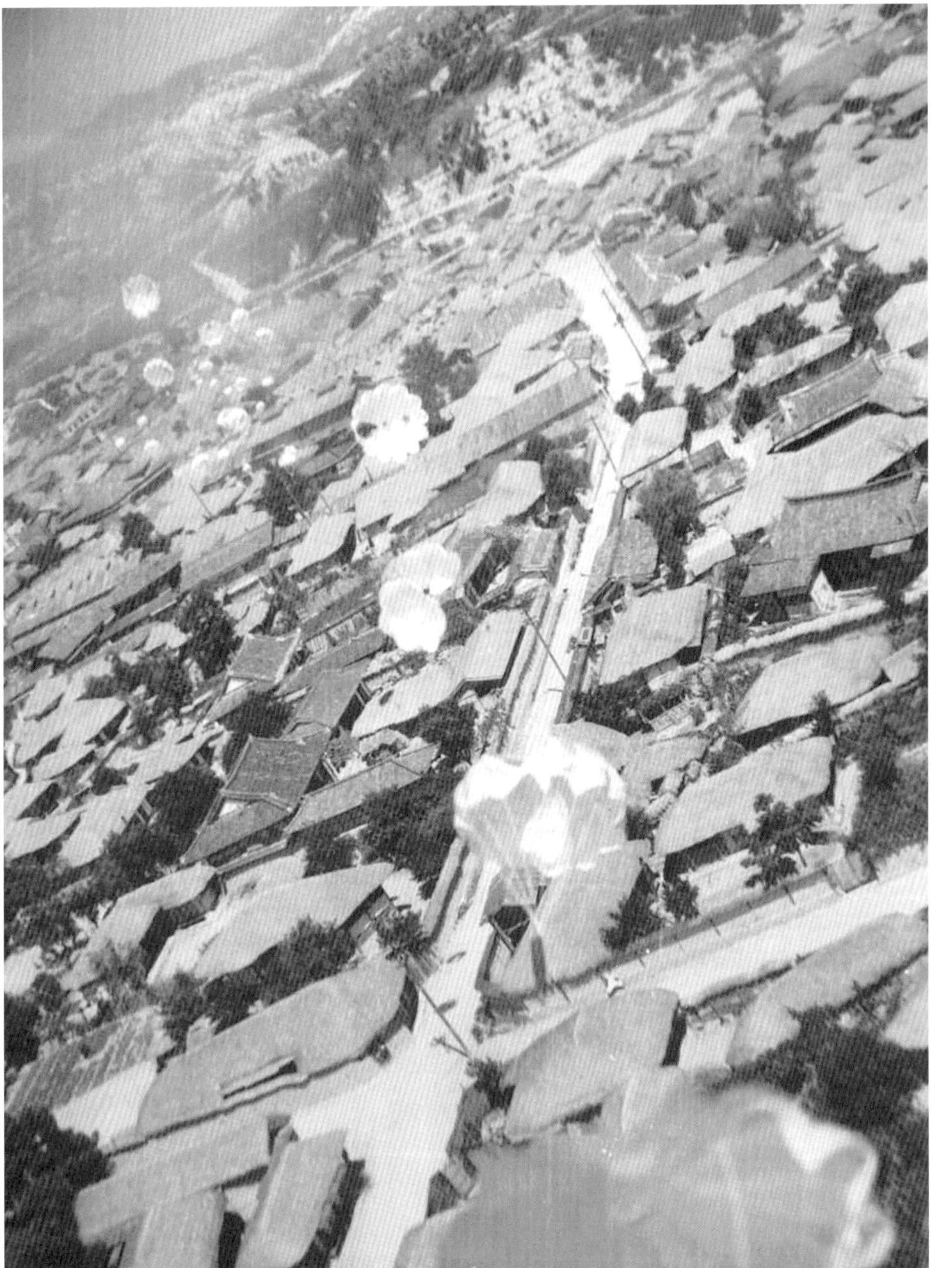

사진 4-25 B-26의 남한 농촌지역 폭격

사진 4-26 완전 파괴된 포항의 폐허 속에 있는 한 여인(SC 346886)

> 아래쪽 담벼락에 서 있는 흰옷을 입은 남자가 도망갈 생각을 않고, 제자리에 멈춰선 채 고개를 젖혀 낙하산을 바라본다(김태우, 2013: 255).

사진 캡션에는 "1950년 7월 24일 (제5공군) 제3폭격전대 B-26기에서 투하된 낙하산파괴폭탄들이 한국 어딘가에 있는 그들의 목표를 향해 떠가고 있다"는 설명이 첨부되어 있다. 같은 달 11일에 있었던 전북 이리역(현 익산역) 폭격 때 많은 사람이 투하되는 폭탄들을 '삐라' 폭탄일 거라 생각해 그 상황을 즐겼다는 증언들을 감안할 때 사진 속 흰옷을 입은 남자도 그러했을 것이다. 그러나 그 결과는 종이폭탄이 아닌 진짜 폭탄이었고, 그 일대는 불바다가 되었다.

이런 맥락에서 볼 때 〈사진 4-26〉에서 엿볼 수 있는 미군 사진병의 시각은 매우 독특하다. 이 사진은 8월 23일 주한미군사고문단 사진장교 윈즐로 중위가 수차례의 공중폭격과 포격으로 파괴된 포항의 파괴된 풍경을

사진 4-27 화염폭격으로 피해를 입은 세 여성(SC 357516)

찍은 것이다. 흥미로운 것은 사진 정중앙에 서 있는 여성의 모습이다. 그야말로 모든 것이 파괴된 폐허 속에서 카메라가 있는 곳을 향해 정면으로 응시하는 당당한 모습에서 피해 그 자체의 참혹함뿐만 아니라 피해를 딛고 일어서려는 의지가 돋보인다. 전쟁이 야기하는 다종다양한 상황들을 휴머니즘적인 시각으로 포착했던 그의 다른 사진들을 보면, 이런 극화되어 있으면서도 전쟁 다큐멘터리적인 시각 또한 공감을 불러일으킨다.

반면 〈사진 4-27〉, 〈사진 4-28〉은 전쟁과 공중폭격의 피해, 특히 네이팜탄 폭격의 피해를 사실적으로 보여 준다. 철저하게 기록으로 남긴다는 시각에서 촬영된 것으로 보이며 피사체에 대한 휴머니즘적인 시선이 거의 느껴지지 않는다. 〈사진 4-27〉은 1951년 2월 4일 폭스(E. Fox) 일병이 수원역 근처의 화염폭격(fire bomb)으로 피해 입은 3명의 한국

사진 4-28 네이팜탄으로 피해를 입은 한 남성(SC 357643)

인 여성을 찍은 것이다. 〈사진 4-28〉 역시 1951년 2월 1일 휘슬러(J. L. Whilser) 대위가 수원 근처의 네이팜탄 폭격에서 살아남은 신원미상의 한국인 피해자를 찍은 것이다. 두 사진 모두 아군 폭격에 의한 우방국 피해자에 대한 기록사진이었기 때문에서인지 검열을 통해 '기밀'로 분류되었다.

2) 민간인 학살: 보도연맹원, 정치범, 부역혐의자 학살

한국전쟁에서 대량의 민간인 인명 피해가 발생했다는 사실은 대체로 상식에 가까운 역사적 사실이다. 그런데 그 민간인 피해의 상당수가 자국민을 보호해야 할 대한민국 군경과 그 우방인 미군에 의한 학살이었다는 사실은 어떻게 다루어지고 있는가? 그간 학계의 연구들과 진실 · 화해를위한과

거사정리위원회의 보고서가 발간돼 축적되어 있음에도 불구하고, 공식적인 역사적 사실로 자리매김하는 데 여전히 어려움이 있다.[14]

도대체 왜 전시에 국민의 안전을 최우선으로 보호해야 할 군과 경찰이 전쟁 시작과 동시에 자국민을 대량으로 학살했을까? 보도연맹원과 형무소 정치범들은 대체 어떤 사람들이었기에 군경이 전선에서 계속 패퇴하는 급박한 상황에서도 전력을 기울여 예비검속하고 학살했던 것일까? 여러 문헌에서 확인해 보면, 당시 군경의 인식은 보도연맹원과 정치범을 '후방을 교란시킬 수 있는 적색분자'로 보고 있었다. 다시 말해 전시 내부의 적이자 외부의 적과 내통할 수 있는 '빨갱이'로 파악하고 있었던 것이다. 기존의 많은 연구가 밝혀냈듯이, 특히 보도연맹원의 대부분은 실제 '빨갱이'라고 지칭될 만한 사람들이 아니었다. 그럼에도 불구하고 군경의 '빨갱이' 낙인과 인식은 이들에 대한 신속한 예비검속으로 이어졌고, 대체로 대량학살로 이어지는 경우가 많았다.

한국전쟁 사진에서 민간인에 대한 처형, 학살 장면은 아주 낯설지만은 않다. 적의 잔학성과 전쟁범죄를 재현하기 위해 그동안 수많은 사진전과 사진집에서 인민군의 '양민학살'을 부각시켜 왔기 때문이다. 그와 반대로 '우리'가 자행한 민간인 학살에 대한 시각은 공식적으로 찾아보기 힘들었다. 그러다가 2000년에 이와 관련한 충격적이고 적나라한 사진 18장이 언론을 통해 보도되었다.[15]

다음의 6장의 사진은 그 일부이다.[16] 이 사진들은 1950년 7월 3~5일 대전 산내면 낭월동 골령골에서 발생했던 대전형무소 정치범과 인근 지역

---

14 이 사실과 관련한 한국현대사 교과서 서술을 둘러싼 색깔 논쟁이 이를 반증한다.

15 이 사진들을 최초로 발굴한 이도영 박사는 이 사진들을 제주도 제민일보 김종민 기자에게 보냈고 1999년 12월 24일 특보 형태로 세상에 처음 공개되었다. 그리고 2000년 1월 5일 『한국일보』가 이를 다시 기사화하면서 국내 유수 언론과 세계 각지로 타전되었다. 이후 이 사진의 출처(미국 국립문서기록관리청)가 알려지면서 일부 연구자 및 사진전문가들이 이 사진들을 찾아내어 논문과 사진집 형태로 국내에 소개했다.

16 〈사진 4-29〉에서 〈사진 4-34〉는 2007년 재미사학자 방선주 선생이 제공함.

보도연맹원에 대한 학살을 포착한 것이다. 여러 문헌과 증언에 따르면, 대전에서는 전쟁 직후부터 보도연맹원 등 소위 '불순분자'에 대한 예비검속이 이루어졌고, 이들 중 일부는 경찰서 또는 면사무소 창고에 구금되었고, 다른 일부는 대전형무소로 이송돼 분산 구금되었다. 이렇게 구금된 보도연맹원들은 총 세 차례(7월 1일 이전, 7월 3~5일, 7월 6~17일)에 걸쳐 학살되었는데, 사진들은 바로 2차 학살 때 현장에 있었던 미군 장교에 의해 촬영된 것이다.

이 사진들에서 나오는 학살 가해자(집행자)는 한국군 헌병과 경찰이다. 그리고 위에 선별된 사진에는 나오지 않지만 대전형무소 '특경대'가 '처형'을 보조했고, 청년방위대, 인근 산내 일부 주민들이 구덩이를 파고 시체를 묻기 위해 동원되었다. 피해자는 〈사진 4-29〉로 추정컨대, 논산읍에서 예비검속된 보도연맹원들이 골령골로 실려 왔거나 또는 논산읍에서 징발된 트럭으로 대전형무소 등 모처에서 실려 왔을 것으로 보인다. 그렇게 실려 온 사람들이 하차해 무릎 꿇어 대기하고 있고, 이를 헌병과 경찰이 감시하고 있다. 〈사진 4-30〉은 헌병과 경찰이 그렇게 끌고 온 사람들을 대량 '처형'하고 있다. 사진의 구도상 '처형'이 잘 진행되고 있는지, 불복하는 병사는 없는지 권총을 빼 들고 감시하는 헌병 장교의 모습이 두드러진다.

다음 두 사진은 끌려 온 사람들의 얼굴을 클로즈업한 사진이다. 〈사진 4-31〉은 머리 모양과 옷차림으로 보아 정치범 재소자로 보이는데, 그들 중 한 사람이 카메라를 향해 기묘한 표정을 짓고 있다. 죽음을 기다리고 있는 옆 사람과 대조적인 모습인데, 푸른 눈의 이방인이 자신을 향해 사진을 찍고 있는 상황에 잠시 그런 표정이 나온 것인지 모르겠지만, 역설적으로 더욱 고통스러운 분위기를 자아내고 있다. 〈사진 4-32〉는 공포 그 자체의 표정을 보여 주고 있다.

다음 사진들은 헌병들이 시체 더미 속에서 생존자가 있는지 확인 사살하고 있는 장면이다. 전체적으로 아우슈비츠로 대표되는 가스실을 통한

사진 4-29 대전 산내 골령골에서의 정치범 학살 1

사진 4-30 대전 산내 골령골에서의 정치범 학살 2

사진 4-31 대전 산내 골령골에서의 정치범 학살 3

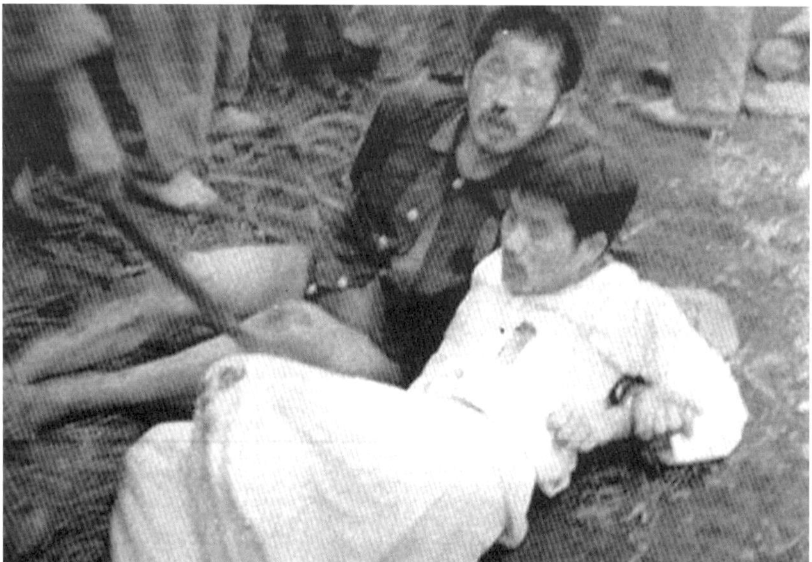

사진 4-32 대전 산내 골령골에서의 정치범 학살 4

사진 4-33 대전 산내 골령골에서의 정치범 학살 5

사진 4-34 대전 산내 골령골에서의 정치범 학살 6

유대인 대량 '처리' 방식이 정착되기 전 '피와 살이 튀는 처리'의 양상과 유사해 보인다.

총 18장의 사진에서 선별한 이 사진들은 미 극동군사령부 주한연락사무소(KLO) 총책임자인 애버트(Abbott) 소령이 라이카 사진기로 직접 촬영했다. 이 사진들은 사진병의 통상적인 사진 활동의 결과물이 아니다. 정보장교들이 특수한 목적을 가지고 기록과 보고의 차원에서 촬영한 것이다. 다시 말해 별도의 사진 캡션은 없었지만, 그보다 더 상세한 사진 관련 보고문서가 있다.

이 보고는 주한미대사관 소속 육군무관 에드워즈(B. E. Edwards) 중령이 작성했다. 에드워즈 중령은 주한미대사관 소속 무관이었지만, 일본에 있는 미 극동군 사령부 G-2의 직접 지휘를 받는 고급 정보장교였던 것으로 추정된다.

〈사진 4-35〉는 1949년 9월 26일 한국군 보병학교 개소식 때 촬영된 사진의 일부인데, 에드워즈 중령(왼쪽에서 세 번째)이 귀빈석에 미 군사고문단 단장인 로버츠 준장(왼쪽에서 첫 번째)과 한국군 창설의 아버지 하우스만 대위(왼쪽에서 네 번째)와 함께 앉아 있다. 에드워즈 중령의 보고 내용은 다음과 같다.

> 북한의 라디오는 최근 남한에서의 잔학성과 대량처형에 대해 주장했다. 이 주장은 상당 부분 과장되었지만, 전쟁 발발 후 남한 경찰이 피비린내 나는 학살을 자행해 온 것이 사실이다. 서울이 북한군에 의해 함락됐을 당시 형무소에서는 수천 명의 재소자들이 풀려난 것으로 보고됐다. 서울이 함락되고 난 후 형무소의 재소자들이 북한군에 의해 석방될 가능성을 방지하고자 수천 명의 정치범들을 몇 주 동안 처형한 것으로 우리는 믿고 있다. 학살이 전방 지역에서만 일어난 것이 아닌 점을 볼 때, 이러한 처형 명령은 의심할 바 없이 최고위층(top level)에서 내려온 것이다.(중략)

사진 4-35 에드워즈 중령
(오른쪽에서 세 번째)

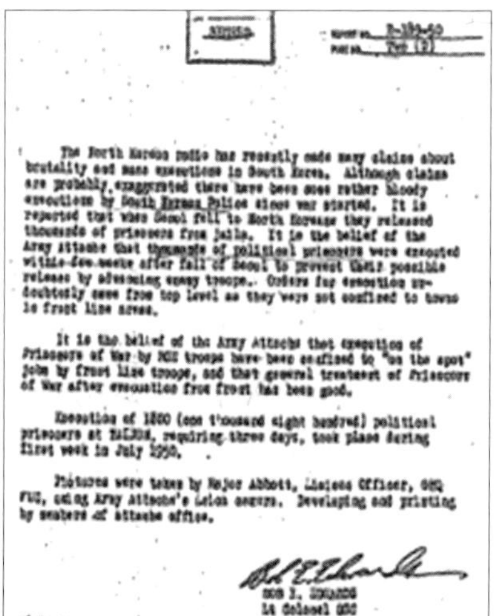

[illegible]

The North Korean radio has recently made many claims about brutality and mass executions in South Korea. Although claims are probably exaggerated there have been some rather bloody executions by South Korean Police since war started. It is reported that when Seoul fell to North Koreans they released thousands of prisoners from jails. It is the belief of the Army Attache that thousands of political prisoners were executed within few weeks after fall of Seoul to prevent their possible release by advancing enemy troops. Orders for execution undoubtedly came from top level as they were not confined to towns in front line areas.

It is the belief of the Army Attache that execution of Prisoners of War by ROK troops have been confined to "on the spot" jobs by front line troops, and that general treatment of Prisoners of War after evacuation from front has been good.

Execution of 1800 (one thousand eight hundred) political prisoners at TAEJON, requiring three days, took place during first week in July 1950.

Pictures were taken by Major Abbott, Liaison Officer, GHQ FEC, using Army Attache's Leica camera. Developing and printing by members of attache office.

BOB E. EDWARDS
Lt Colonel GSC
Army Attache

10 Incls -
(execution photos)

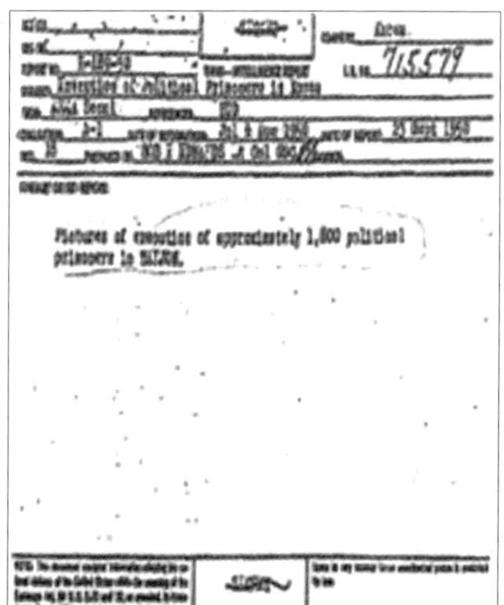

715579

Pictures of execution of approximately 1,800 political prisoners in TAEJON.

사진 4-36 에드워즈 중령이 상부에 보고한 '한국에서의 정치범 처형' 보고서

〈사진 4-36〉의 문서는 '한국에서의 정치범 처형'이라는 제목을 달고 있으며, 대전에서의 약 1,800명에 대한 처형 사진들을 동봉했다는 내용을 담고 있다. 눈에 띄는 것은 상단 정보의 가치(evaluation) 항목에 최고 등급인 'A-1'을 기재했다는 사실이다. 다시 말해 명백하게 한국정부의 최고 위층에서 학살을 지시했고, 이를 한국군 헌병과 경찰 등이 집행했다는 의미다.

이 사진들은 미군의 일반 사진병의 시각에서는 결코 포착될 수 없는 것이다. 우방인 한국을 돕고 한반도에 대한 미국의 이해를 지켜 내기 위해서는 이 전쟁을 유엔에 의한 자유세계의 전쟁으로 만들 필요가 있었는데, 한국정부에 의한 자국민 학살의 발생은 미국이 만들고자 했던 정치적 구도에 불리하게 작용할 소지가 컸다. 또한 정보 차원에서 대책 마련을 위해 이를 기록하고 상부로 보고하기 위한 것으로 보인다. 그래서 사진 속 시각을 보면, 미군을 목격자의 위치로 설정하고 있으며, 한국 군경의 비인도적 행위를 보고 기록한다는 식의 시선을 취하고 있다. 그리고 이 사진들은 기밀로 분류되었다. 이런 점에서 사실상 이 사진들은 전쟁기억에서 사각화되었다고 볼 수 있다.

흥미로운 것은 미군 사진의 사각은 '적'의 시각으로 포착될 수 있다는 점이다. 북한과 중국, 범공산권 국가의 시각에서, 심지어는 유엔국의 주요국이었던 영국, 호주, 프랑스의 좌파 지의 시각에서 이를 확인할 수 있다. 특히 당시 노동당이 집권하고 있던 영국에서는 『맨체스터가디언』이나 『데일리워커』가 유엔군에 불리한 장면들을 자주 포착했다. 앞에서 살펴본 대전 산내면 낭월동 골령골 학살에 대한 『데일리워커』의 위닝턴 기자의 시각이 이에 해당한다.[17]

17 사진은 없지만, 북한의 『로동신문』(1950. 8. 22.; 8. 23.)과 『해방일보』(1950. 9. 6.)에 낭월동 골령골에서의 대량학살에 대한 기사가 있다.

Rangwul Death Valley

One of the smaller pits is outlined by the figures. Note coil of rope left by murderers. On the left in Choi Tai Lyong, my interpreter. Himself a political prisoner in Seoul—one of the few still alive—saved by the People's Army.

사진 4-37 '낭월 죽음의 계곡' 1("I Saw the Truth in Korea," *Daily Worker* 1950. 8. 9.)

위닝턴 기자의 낭월동 학살 기사는 『데일리워커』 1950년 8월 9일자에 실렸다. 그리고 그는 이와 별도로 1950년 9월 북경에서 「나는 한국에서 진실을 보았다("I Saw the Truth in Korea")」라는 팸플릿을 출간했는데, 당시 낭월동 골령골에서 찍은 〈사진 4-37〉, 〈사진 4-38〉의 사진 4장을 실었고, 7월 4~6일뿐만 아니라 7월 17일에도 100명씩 37대 트럭분 3,700명이 추가로 학살되었다고 주장했다. 당시 위닝턴 기자는 인민군을 종군하면서 사진 활동을 하고 있었는데, 이 사진들은 학살된 후 집단 가매장된 시신들이 지표면 밖으로 나온 모습들을 촬영한 것이다. 철사에 묶인 손, 발, 신체 일부가 밖으로 드러난 모습을 포착한 시각의 구도는 상황의 끔찍함과 함께 가해자들의 잔학성을 부각시킨다.

다음 사진들의 이야기도 한국군 헌병의 잔학성을 두드러지게 보여 준

사진 4-38 '낭월 죽음의 계곡' 2("I Saw the Truth in Korea," *Daily Worker* 1950. 8. 9.)

다.[18] 이 사진들은 주한미군사고문단원(KMAG)이 촬영한 것으로, 앞서 상부에 보고한 에드워즈 중령이 1951년 5월 3일 '한국군 헌병에 의한 처형'을 보고하면서 이 사진들을 첨부해 올렸다. 보고의 내용은 다음과 같다.

> 첨부된 이 사진들은 일반적인 정보를 주기 위해 올린 것이다. 이 사진들은 남한의 전형적인 처형 방법을 보여 준다. 희생자들은 공산주의 부역 혐의자들이다. 1951년 4월 한 달 동안 가끔 대구 근방에서 처형이 이루어졌다.(중략)

18 〈사진 4-39〉에서 〈사진 4-44〉는 2007년 재미사학자 방선주 선생이 제공함.

보고는 피해자들의 이름, 가해의 정확한 성격, 기타 세부적인 사항들에 대해서는 확인할 수 없다고 했다. 다만 한국정부에 의한 '부역자 처벌'의 일반적 정보를 주기 위해 보고한 것이다. 대구 부역자 처형이 1951년 4월이고, 보고 시점이 1951년 5월이라는 점도 주목된다. 서울이 수복된 이후 1950년 가을과 겨울에 부역자 처벌의 광풍이 있었다. 동구권 공산계열의 외신은 물론 일부 유엔군(영국군 등)과 자유세계의 외신들도 이 처벌의 반인도적 성격을 비판적으로 보도했다. 이에 따라 이 문제가 유엔군과 한국정부 수뇌부들 사이에서 진지하게 논의되었고, 1951년으로 가면 그 광풍이 잦아들었다. 그런데 바로 그 시점에 대구 근방에서 '가끔' 부역자 처형이 이루어졌고, 이것을 문제 삼는 보고가 상부로 올라간 것이다.

이 사진들에 대해 김형태 변호사는 한 언론에서 다음과 같이 사진 이야기를 정리한 바 있다.

> 삽을 든 아낙이 섞인 촌사람들 예닐곱이 환히 웃고 있는 군인과 함께 사진을 찍었다. 촌사람들은 그 뒤 자신들이 파 놓은 구덩이에 들어가 쭈그리고 앉았다. 군인들은 구덩이 안으로 총을 쏘고 흙으로 덮는다.[19]

〈사진 4-39〉에서 포즈를 취하고 있는 민간인들 중 왼쪽에서 두 번째 서 있는 남성 뒤의 여성만이 유일하게 삽을 잡고 있다. 이를 보고 스스로 "죽을 구덩이 판" 시골사람들이라고 추정했을 것이다. 흥미로운 것은 이 촌사람들이 장교로 보이는 군인과 함께 웃고 있다는 점이다. 잠시 뒤에 있을 참혹한 상황을 예견하지 못해서였을까? 어찌 되었든 간에 이 사람들과 함께 포즈를 취하면서 웃고 있는 군인은 참 잔인해 보인다. 유대인 학살에

19 『한겨레』 2012. 12. 7.

사진 4-39 대구 부역자 학살 1

사진 4-40 대구 부역자 학살 2

서도 비슷한 상황이 있었지만, 그때도 피해자들이 이렇게 웃으면서 사진을 찍었을까?

사실 구덩이를 판 이 시골사람들이 바로 구덩이에서 학살된 사람들이라고 특정할 만한 근거는 없다. 에드워즈 중령의 보고를 자세히 들여다보아도 그렇다. 많은 학살터에서 인근 주민들이 구덩이를 파기 위해 동원된 바 있는데, 이들 역시 그렇게 이해될 수도 있다. 다시 말해 이 시골사람들은 구덩이에 있는 사람들과 다른 사람들일 수도 있는 것이다. 사진의 배열을 바꾸어서 〈사진 4-39〉를 맨 마지막으로 배치하면 그런 이야기도 가능하다. 물론 그럼에도 다수의 자국민들이 부역자라는 이름으로 구덩이 안에서 저렇게 참혹하게 죽어간 것은 변하지 않는 사실이다.

〈사진 4-41〉에서 사진 왼편을 보면 한 미군(미 군사고문단 소속 추정)이 한국 헌병의 부역자 처형을 아무런 제지 없이 그대로 지켜보고 있다. 철저히 방관자의 입장에서 구경하고 기록 차원에서 사진 촬영을 했다. 애초부터 미군은 한국군의 반인도적 잔학행위에 대해서는 내정 간섭을 할 수 없다는 논리하에 침묵했다. 공산주의 선전에 이용되고 유엔과 세계 여론에 부정적 영향을 주는 것만을 우려해 심지어 수많은 부역자 처형 사건들을 축소하거나 은폐하는 자세를 취했다. 이러한 미국의 태도가, 설령 그것을 의도하지 않았더라도, 한국정부에게 부역자 처형이라는 민간인 학살을 암묵적으로 승인해 준 꼴이 되었다는 것은 분명해 보인다.

이 사진들은 기밀로 분류되어 50년 동안 공개될 수 없었다. 사실 이러한 시각은 아예 촬영하지도 않고 보고하지도 않았으면 역사 속에서 지워질 수도 있었다. 그런데 왜 이를 사진으로 포착했을까?

이를 이해하기 위해서는 서울수복 이후 10~12월 광범위하게 진행되었던 한국정부의 부역자 처형과 이에 대한 외신들의 보도와 비난들을 살펴볼 필요가 있다. 동구권의 공산계열 신문뿐만 아니라 자유세계 진영의 유수 통신사와 신문사 등이 이에 대한 사진글 형태의 기사들을 계속적으로 타전했고, 북한 못지않은 한국정부의 잔학성에 대한 비난 여론이 들끓었던 것이다. 다음 사진을 통해 이를 확인해 보자.

이 사진들은 뉴욕의 사진에이전시 PIX에 소속된 사진가 로윈(I. R. Lorwin)이 찍은 것으로 1950년 11월 29일 『데일리워커』 특집란에 실렸다. 1950년 10월 25일자 『런던타임스(*Londontimes*)』가 한국의 부역자 처형의 잔학성에 대한 사진과 기사를 보도한 이래 영국과 미국의 언론들이 이 문제를 기사화하고 있었다. 런던의 『데일리워커』 역시 관련 기사들을 여러 차례 내보냈고, 11월 29일에는 이 특집란을 구성했다.

〈사진 4-45〉의 1단 왼쪽 사진을 보면, 증거가 없지만 이웃들의 비난만으로 공산주의 및 인민군 동조자 혐의로 체포된 부역혐의자들을 클로즈업하고 있다. 처형을 위해 도시 밖 어디론가 끌려가기 전 형무소 벽에 기댄 채 쭈그리고 앉아 기다리고 있는 모습인데, 이들 중 2명은 여성이다. 이전부터 여성과 아이들에 대한 부역자 처벌이 문제가 되고 있던 터였다. 나머지 사진들은 부역자들을 트럭에 태워 도시 밖으로 끌고 간 후 어딘가에서 총살하고 있는 장면이다. 트럭에 내려 묶인 채 무릎 꿇고 있다가 산자락이나 언덕에 가서 총살 집행하고, 뒤이어 확인 사살하고 있다.

이와 같은 부역(혐의)자들에 대한 대량학살은 12월 말에 다시 크게 세계적인 비난 여론에 직면했다. 12월 16~17일 홍제리 '처형언덕'에서도 비슷한 방식의 집단 총살이 진행되었고, 이를 보다가 참지 못한 영국군 29여단의 병사들이 한국군 헌병들을 무장해제시키는 사건이 발생했다.

이 사건으로 국제적십자위원회(ICRC)와 유엔한국통일부흥위원단(UNCURK)에서 진상 조사가 진행되었고, 유엔군 사령부는 물론 미 국무부와 주한미대사관, 한국정부의 공조 아래 조직적 대응이 이루어졌다. 미국의 근본 방침은 '공산주의자의 좋은 먹잇감'이 될 것을 우려해 축소하고 은폐하는 것이었지만, 세계적인 비난 여론을 설득시키는 데에는 큰 한계가 있었다. 이러한 맥락에서 볼 때 〈사진 4-45〉의 시각은 여전히 계속되

사진 4-41 대구 부역자 학살 3

사진 4-42 대구 부역자 학살 4

사진 4-43 대구 부역자 학살 5

사진 4-44 대구 부역자 학살 6

4 DAILY WORKER Wednesday November 29 1950

THIS WAS DONE IN YOUR NAME!

They have been arrested by the Fascist Syngman Rhee troops on the denunciation of ill-disposed neighbours. With no other evidence of any kind, for or against, they have been condemned to death. . . . Their "crime" is that of "Communism," of sympathising with the Korean People's Liberation Army. These Koreans—two are women—crouch against the prison wall at Seoul waiting to be taken beyond the city wall for execution.

Bound together in pairs, the condemned are taken from the city by lorry. While the last prisoners are being taken from the truck, the armed Fascist guards make the rest squat on the ground, awaiting the order to march to the place of execution.

Surrounded by the guards, the prisoners are made to march to their last stopping place. There are blows with rifle butts for those who lag or stumble. The spot is eight miles from Seoul, the town liberated by the Korean People's Army and then recaptured by MacArthur

Still in pairs, the prisoners are lined up for the death volley on a grim hillside. They have been allowed no religious rites. They have been given no opportunity to say "goodbye" to their dear ones or to make any provision for their families.

The order to fire is given . . . the usual procedure in such executions is that each one of the condemned is tied to a stake and a target is placed over his heart. This is dispensed with—many of the prisoners, though hit, are not killed outright The wounded moan. Some scream in agony

An American Took These Pictures

THE pictures on this page were taken by J. R. Lorwin of [illegible] Incorporated, a New York photographic agency, [illegible] stationed in Seoul, in Southern Korea.

[illegible] American with a typical American newspaper [illegible] on the war in Korea. When he took these [illegible] had no motive other than that of bringing off a [illegible] of journalism.

[illegible] to his chief in New York he says that he would be [illegible] the "sale prospects" of the photographs.

The [illegible] Worker will be [illegible] interested to see if any other [illegible] newspaper is prepared to buy these pictures.

The [illegible] distributed yesterday in London by the Associa[illegible] a U.S. news and picture agency.

Lorw[illegible] comments on the war are, perhaps unconsciously, illuminati[illegible]

"Two [illegible] ago," he writes, "I thought it would be a very short [illegible] indeed.

"Now it [illegible] beginning to look that at best we will be fighting here [illegible] several more months and we will be involved in [illegible] those interminable, inconclusive Oriental wars [illegible]

He adds [illegible] with its poverty and misery, is a depressing place [illegible] scenes such as these which I trust are recorded on the enclosed roll of film do not help to make it any more pleasant.

Captions to the pictures on this page are based on those supplied by the photographer. The pictures are printed here without retouching of any kind.

The sickening daily shootings carried out by Syngman Rhee in Korea are a direct British responsibility. British troops helped to put Syngman Rhee back in Seoul.

British troops are helping MacArthur's [illegible] under the U.N. flag to extend this reign of butchery to the whole Korean peninsula.

Men and women in this country must realise that this is the "democracy" America and her satellites are bringing to the Korea they have laid in ruins.

THIS IS THE FEATURE PAGE

It leaves its usual place on Page Two and suspends its normal articles to make room for these pictures—pictures that we hope our regular readers will show to others

Walter Holmes's *Notebook* appears as usual tomorrow with Books and other features on Page Two.

A Fascist officer kills the wounded . . . the execution is over. But it is only the first of many carried out in the first week of the "trials" by the military "court" set up in Seoul to wipe out all who sympathise with the Korean People's Army, are suspected of sympathising with it or are accused, without proof, of such sympathy. These murdered folk are workers, peasants, school teachers . . . ordinary people. The prison from which they are taken is guarded by a small army of police, for rescues by guerillas are feared.

Such executions as this are being carried out wherever the Syngman Rhee Fascists—the satellites of the Americans—are in control. Britain is also an ally of Syngman Rhee so long as she is tied to the present policy in Korea. Remember, these crimes are being committed in your name.

사진 4-45 *Daily Worker* 1950. 11. 29. 특집란

는 한국군의 부역자 처형 상황에 대해 미군이 목격자의 위치에서 반인도적 행위를 보고 기록할 뿐이라는 소극적 자세로 접근하고 있었던 것임을 알 수 있다.

주제+사진이야기 ❸

총보다 많은 카메라

'6 · 25 전쟁'의 특징 중 하나는 북한의 남침으로 38도선에서 시작된 전선이 낙동강으로 내려가고, 국군과 유엔군의 반격으로 압록강 근처까지 올라간 후, 다시 중국군의 참전으로 서울 이남지역으로 밀려 내려왔다가 다시 국군과 유엔군의 재반격으로 전선이 북상하는 '전선의 대이동'이다. 어떤 사람들은 이 전쟁의 양상을 '톱질전쟁'으로 부르는데, 이는 전쟁발발 1년이 지난 1951년 여름 이후의 의미 없는 인적 · 물적 피해를 강조하는 관점에서 만들어진 것이다. 우리는 상륙작전으로 2개의 전선을 만들고 그 안에 들어 있는 적군을 포위하는 전략은 '톱질'보다는 '가위질'이라는 표현이 더 어울린다는 생각을 하고 있지만, 1951년 7월 개성에서 정전협상이 시작된 후, 적대하던 사진병사들이나 종군하던 민간 사진가들이 서로 만날 수 있는 기회가 생겼다.

정전회담은 1951년 7월 8일 개성에서 양측이 처음으로 만나 예비 정전회담을 가짐으로써 시작되었다. 이 첫 만남에서 실무 장교들은 정식 정전회담을 갖기 위한 시간, 조건, 절차 등에 대해 논의했다. 이어 7월 10일 본격적인 정전회담에 들어가 7월 26일 정전협상의 의제를 확정했다. 의제는 크게 군사분계선과 비무장지대 설치 문제, 정전 실시의 구체적 조치(감시조항, 기구 구성, 권한 등) 문제, 전쟁포로 처리 문제, 한반도 문제의 평화적 해결을 위한 정치회담 개최 문제로 설정되었다. 첫 번째 의제는 1951년 11월 27일 합의를 이루었다. 이 즈음하여 정전회담 장소가 개성 내봉장에서 판문점의 천막으로 바뀌었다. 4개월 동안 밀고 당기는 협상 과정은 순탄치 않은 것이었지만, 합의 결과 12월 27일까지 총성이 멎었다. 그러나 말 그대로 '임시 휴전'이었다.

곧 전투가 재개되었고, 두 번째 의제와 세 번째 의제 협상이 큰 진통을 겪었다. 특히 포로 문제가 합의할 수 없는 난제로 떠올랐다. 국제법(1949 제네바협정)은 정전 후 포로의 '무조건 송환' 원칙을 규정하고 있지만, 양측 포로 수의 심각한 불균형으로 유엔군이 이를 거부했다. 유엔군은 고심 끝에 1:1 교환을 제시했고, 나중에는 이를 철회하고 '자유(의사에 따른) 송환' 원칙을 제시해 관철시켰다.

전선의 고지전만큼이나 치열하게 판문점과 포로수용소에서 심리전이 진행되었다. 적을 얼마나 파괴하고 적 수중의 땅을 얼마나 더 차지하느냐 못지않게 정전이 이루어지기 전까지 적을 얼마나 우리로 전향시키느냐가 중요해졌다. 새로운 전쟁이 전개되는 것을 의미했고, 이것이 전체 전쟁 승리를 판별하는 리트머스 시험지로 작용하게 되었다.

정전은 기약 없이 미루어졌다. 그러나 동시에 어느 쪽으로도 결론나지 않는 전쟁을 계속할 수도 없었다. 미국에서는 한국전쟁 종전을 공약으로 내세운 아이젠하워가 대통령이 되었고, 소련에서는 스탈린이 사망했으며, 중국도 전쟁을 계속 지원하기 어려운 국내 상황들이 전개되었다. 북한도 중국 입장에 반대하기 어렵기도 했지만, 무엇보다 계속된 폭격으로 초토화된 북한 전역을 재건하기 위해서라도 정전회담에 참여해야 했다. 한국만이 정전협정 체결을 반대했다. 이승만 대통령은 정전협정 반대 시위를 대규모로 조직했고, 북진통일을 외쳤다.

이런 상황에서 1953년 4월 부상 포로들을 교환하는 '리틀 스위치' 작전이 진행되었다. 그리고 6월 8일 본국 송환 거부 포로의 처리에 대해 서로 합의했다. 정전협상의 최대 걸림돌이었던 포로 문제가 합의된 것이다. 한국정부는 당연히 반대했고, 6월 18일 이승만 대통령의 지시로 유엔군 사령부와 아무런 협의 없이 '반공포로'를 석방했다. 이로 인해 정전회담이 일시 중단되었지만, 한국이 자의/타의로 배제된 채 곧 정전회담이 재개되었다. 7월 22일 군사분계선이 확정되었고, 7월 27일 판문점에서 정전협정 조인이 이루어지면서 한국전쟁은 '휴전상태'를 맞이하게 되었다.

다음 사진들은 정전회담을 포착한 것이다. 정전회담 장소는 '정전'을 협상하기 위한 곳이었던 만큼 전투가 벌어지는 전장과는 다른 풍경이 펼쳐졌다. 서로 적대하던 양 진영의 협상 대표들이 서로 긴밀하게 접촉했다. 그리고 이를 취재하기 위해 수많은 통신사, 신문사, 잡지사 특파원들과 사진가들이 이곳에 몰려들었다.

〈사진 ③-1〉은 1951년 7월 8일 사진기자들이 예비 정전회담에 참석하기 위해 헬기로 막 도착한 유엔군 대표단을 찍고 있는 장면이다. 대표단이 헬기 앞에 잠깐 서 있을 때를 놓치지 않고 막판 셔터들을 누르고 있다.

사진 ③-1 예비 정전회담장에 도착한 유엔군 대표단을 촬영하는 사진기자들(SC 372116)

카메라를 들고 회담 곳곳을 포착했던 것은 특파원들과 함께 움직이는 민간 사진가들만이 아니었다. 그 못지않은, 어쩌면 그보다 많은 군 사진병들이 정전회담의 기록을 위해 활발하게 활동하고 있었다. 특히 도쿄의 유엔군 사령부 사진부는 71통신대 A중대 사진대 사진병들을 중심으로 정전회담 특수사진팀을 구성해 7월 7일 문산으로 급파했다. 사진부장 워커 소령을 포함해 그동안 한국 전선을 누빈 베테랑 사진병을 대거 포함시켰다. 미 해군과 공군에서도 이와 별도의 사진병들을 배치했다. 군 사진팀은 미 8군 사령부에 무선 팩시밀리를 설치하고 그날그날 촬영한 사진들 가운데 중요 사진을 도쿄로 전송했다. 이 사진들은 바로 GHQ의 공보 부서와 『성조(*Stars and Stripes*)』 편집부 등에 배포되거나 일부는 다시 미국의 합동참모본부로 전송되기도 했다.*

〈사진 ③-2〉는 정전협상의 기록 활동 중 휴식을 취하고 있는 미군 사진병이 포즈를 취하고 있는 모습을 촬영한 것이다. 왼쪽부터 미 육군 226통신대, 미 극동공군 공보

---

* 71st Sig. Svc. Bn., "Command Report(1951. 7.)," NARA, RG 407 Entry 429A, Box 5403.

사진 ③-2 정전협상의 기록 활동 중인 미 육군, 공군, 해군 사진병(SC 385437)

실, 미 해군 전투사진단 소속 사진병이다.

〈사진 ③-3〉은 개성 정전회담 장소인 내봉장에서 한국군 1사단 통신대 소속 사진병이 북한군 병사와 이야기하고 있는 장면을 포착한 것이다. 이 사진은 71통신대 A중대 사진대의 플루머(E. W. Plummer) 중위가 촬영했다. 국방부 정훈국 보도과 사진대 외에도 한국군에 사단 소속 사진병이 활동했음을 알려 주는 사진이다. 한국군 사진병의 목에 걸려 있는 보조 카메라도 흥미롭다. 그는 정전협상 유엔군 대표단의 일원이었던 백선엽 소장이 한국군 1군 사령관이었기 때문에 이를 기록하는 사진 활동을 했던 것으로 생각된다.

〈사진 ③-4〉는 내봉장 밖의 풍경이다. 북한군 뉴스영화 카메라맨이 휴식을 취하며 대기하고 있는 미군 운전병을 촬영하고 있다. 오른쪽의 미군 운전병이 북한군 카메라맨을 노려보고 있는 듯 보이지만, 북한군 카메라맨과 왼쪽의 미군 병사는 가벼운 미소를 짓고 있는 것으로 보아 서로 적대적으로 경계하는 분위기는 아닌 것으로 보인다. 지프차마다 걸려 있는 백기도 '정전회담' 장소의 성격을 단적으로 보여 주고 있다.

〈사진 ③-5〉는 미군 사진병 그린(Green)이 찍은 것으로, 캡션에는 두 진영의 사진

사진 ③-3 북한군 병사들과 이야기하는 한국군 사진병(SC 373620)

사진 ③-4 정전회담장 밖에서 휴식을 취하는 미군 운전병을 촬영하는 북한군 영상카메라맨 (SC 372308)

사진 ③-5
촬영한 사진들을
교환해 보는
양 진영의 사진병들
(SC 375737)

병들이 서로 촬영한 사진들을 교환해 보고 있으며, 공산 진영의 사진병들이 "우리(유엔)의 사진과 언론의 자유에 대해 많은 질문을 했다"는 내용이 달려 있다. 그러나 사진에는 유엔 측 사진병이나 민간 사진가들이 보이지는 않는다. 정중앙에 그날 미모로 화제가 되었던 북한 측 통역 여군이 사진을 유심히 바라보고 있으며, 그녀를 둘러싸고 북한군 사진병과 중국군 사진병들이 사진들을 돌려 보고 있다. 사진에 포착되지는 않았지만, 그 주변에 사진들을 건네 준 유엔 측 사진가들이 있었을 것으로 보이지만, 서방세계의 언론의 자유에 대해서까지 논의했을 것으로 보이지는 않는다. 그리고 〈사진 ③-6〉은 중국군 사진병들의 모습을 포착한 것이다.

정전회담의 주인공은 양측 대표단이었다. 정전회담 관련 사진의 대부분도 양측 대표단이 자세를 취하고 찍은 사진들이다. 대부분 포토라인에 서서 찍은 정적인 사진들이다. 물론 회담장으로, 또는 회담을 마치고 돌아가는 중에 찍힌 동적인 사진들도 적지 않다. 그런데 회담장 안에서 협상 중인 모습을 찍은 사진은 상대적으로 적다. 의제 협

사진 ③-6 중국군 사진병들(SC 385385)

상이 순탄치 않아 회담장의 분위기가 좋지 않은 상황에서 회담장 안팎을 속속들이 파고드는 특파원과 사진가들의 취재에 대한 공산 진영의 항의도 한몫했을 것이다.

〈사진 ③–7〉은 회담장에 착석해 협상 중인 유엔군 대표단의 실무자들을 포착한 것이다. 사진 정중앙을 보면, 미 공군 소속 키니(A. J. Kinney) 대령이 비무장지대에 대한 합의를 이루고 서명하고 있는 모습이다. 키니 대령의 오른쪽은 미 해병대 소속 머리(Murray) 대령이고, 왼쪽은 한국군 이수영 중령, 맨 왼쪽에는 통역관이었던 미 해군 소속 언더우드(H. G. Underwood) 중위다. 사진을 보면 스틸사진가와 영상 카메라맨이 한 팀을 이루어 기록 활동했음을 알 수 있다.

당시 정전회담에는 이들 외에도 예기치 않게 주목받은 인사들이 있었다. 북한과 중국의 여군 통역장교와 유엔군 진영 내 공산주의 계열 언론의 특파원이었다. 〈사진 ③–8〉에서 알 수 있듯이, 특히 미모의 북한 여군 통역장교가 유엔 측 특파원과 사진가들의 주목을 한몸에 받았다. 〈사진 ③–9〉는 동료 특파원들이 영국 공산주의 계열의 신문 『데일리워커』의 특파원 위닝턴을 취재하고 있는 장면이다. 당시 영국은 유엔군 진영의 핵심 국가였지만, 노동당이 집권하고 있었다. 『데일리워커』 기자로서 위닝턴은

사진 ③-7 유엔군 대표단의 협상을 촬영하는 미군의 스틸사진병과 영상 카메라맨(SC 382226)

유엔군뿐만 아니라 그 적인 북한군과 중국군도 종군해 취재할 수 있었던 거의 유일한 언론인이었다.

1953년 7월 27일 오전 10시 판문점에서 정전협정서 조인식이 열렸다. 조인식에 참석한 것은 유엔군 대표단 수석 대표 해리슨(W. K. Harrison) 중장과 조선인민군 및 중국인민지원군 대표단 수석 대표 남일 중장이었다. 둘은 한국어, 영어, 중국어로 된 협정서 6장에 서명했고, 조인식은 약 10분 만에 끝났다. 유엔군 총사령관 클라크(M. W. Clark) 대장과 북한의 김일성, 중국의 펑더화이(彭德懷)가 정전협정서에 서명한 것은 나중에 연서한 것이다.

〈사진 ③-10〉이 조인식 장면을 찍은 것이다. 그리고 그 맞은편의 모습은 〈사진 ③-11〉처럼 각종 카메라로 가득했다. 이때 이 자리에 참석했던 사진병들이나 사진가들, 그리고 이들이 찍었던 사진들에 대한 종합적 비교연구는 이루어지지 않았다.

사진 ③-8 북한 여군 통역장교를 취재하는 유엔 측 기자들(SC 375736)

사진 ③-9 *Daily Worker* 특파원 위닝턴을 취재하는 유엔 측 기자들(SC 375093)

사진 ③-10 판문점 정전협정 조인식(SC 425115)

사진 ③-11 판문점 정전협정 조인식을 촬영하는 사진병과 사진기자들(SC 425110)

제5장

한국전쟁 사진의 집성과 시각의 변화

사진은 특정 시점에서 존재했던 현실을 보여 주면서, 동시에 존재했던 다른 현실은 보여 주지 않는다는 재현의 역설을 가진다. 전쟁사진도 마찬가지다. 사진은 이런 재현의 역설 외에 또 다른 역설, 즉 캡션이나 편집을 통하여 새로운 효과를 발생시킨다. 사진가가 자신이 찍은 특정 사진에 대하여 제목을 붙이거나 설명을 하게 되면 이 사진을 찍은 사람의 의도가 전달되는 데 도움은 된다. 그러나 사진을 바라보고 이에 대한 의미를 해석하는 작업은 사진가의 의도를 넘어서서 독자적인 방식으로 의미를 생산하는 경우가 많다. 사진을 핵심요소로 하는 내러티브나 담론은 편집의 산물이다.

사진에 대한 분석이 사진을 생산한 당시 사진주체의 시각과 사회적 맥락에 초점을 맞추었다면, 사진집에 관한 연구는 과거의 사진을 바라보는 새로운 편집자의 시각과 사회적 맥락에 초점을 맞추는 것이다. 사진집은 대부분 개별 사진들에 대한 설명을 추가하고 특정한 질서에 의해 배치함으로써 새로운 내러티브를 만들어 낸다. 전쟁을 수행하는 집단이나 국가는 자신의 입장을 담고 있는, 그러면서도 전쟁의 생생한 현장을 보여 주는 사진을 선별하고 이들은 대비시키거나 연속적으로 제시함으로써 인과관계를 연상하도록 한다. 이를 통해 국가는 자신의 지배영역에 포획된 사람들의 모호한 기억들을 좀 더 선명하게 하고, 이질적 기억들을 동질화시키며 자발적으로 국가와 자신의 운명을 일치시키는 '국민'을 만들어 낸다.

국민 형성에서 중요한 과제가 의사소통이 가능한 표준어를 만들어 내고 동질화된 역사적·지리적 감각을 배양하는 것이므로, 사진집 발간은 이런 과제를 수행하는 중요한 수단이 된다. 실제로 전쟁을 담은 사진집들이 자주 출판되는 것은 사진집이 가진 국민 형성 효과가 상당하다는 것을 보여 준다. 국민들의 전쟁에 대한 기억의 상당 부분이 이런 '묶음사진'에 의해 구성되었음을 논증하는 연구들도 있다. 한국전쟁에 관한 사진집은 이런 맥락에서 분석될 필요가 있다.

근래에 한국 사회에서는 한국전쟁을 다시 바라보게 하는 사진집들이 많이 출간되었다. 특히 개인적 기록사진은 한국전쟁이 끝난 지 약 40여 년이 지난 1990년대 후반부터 개인 사진집으로 출판되고 있다. 이것은 사진들이 단순한 현실의 단편이 아니라 하나의 텍스트나 작품으로 간주하려는 경향에 힘입은 것이다. 또한 전쟁 직후 외국에서 출간되었던 사진집들이 번역·출간되고, 미국 국립문서기록관리청이 소장한 전쟁사진들도 재발견되어 새로운 사진집으로 출판되고 있다. 전후 분단체제하에서 전쟁기억이 남북한 간에 지속된 심리전과 국가보안법체제, 그리고 '특별국민'에 대한 통제를 통해 관리되었다면, 한국전쟁 사진들도 이런 거시적 관리체제하에 놓여 있었다. 따라서 최근의 사진집 연구에서는 2000년 이후에 급증하는 한국전쟁 사진집 출간이 기존의 전쟁기억에 대한 국가주의적 관리체제의 균열을 나타내는 지표, 또는 탈식민국가적 관점을 확보하려는 시민주의적 현상으로 바라볼 수 있는가가 쟁점이 된다.

이 장에서는 그동안 출간된 한국전쟁 사진집의 시각을 분석하고, 어떠한 변화가 발생했는지를 다룰 것이다. 이러한 변화는 한국 사회 변동을 반영하고 있다고 가정된다. 과거에 사진집은 국가나 언론사의 전유물이었으나 최근에는 사진을 전문적으로 다루는 출판사나 개인 연구자 작업의 소산으로 바뀌는 경향이 있다. 전쟁과 냉전에 뒤이은 탈냉전과 민주주의의 확대, 또는 작가주의의 등장은 '우리'나 '그들'로 규정된 범주들이 재구성되도록 자극하였다. 여기에서는 한국뿐만 아니라 미국, 중국에서 출간된 한국전쟁 사진집을 시야에 넣고 살펴볼 것이다.

1. '우리가 본' 한국전쟁

한국전쟁은 개인과 국가의 운명을 일치시키고 사회적 질서를 재구성하는 중요한 정치적 사건이었고, 이에 대한 공식적 기억은 '국민'의 창출에 큰 영향을 미쳤다. 국가나 언론들은 한국전쟁 사진과 사진집을 통해 개인적 기억들을 표준화·집단화하였다.

한국전쟁 후의 사회체제는 전쟁기억을 특정한 방식으로 제구성하는 요인이자 조건으로 작용하였다. 냉전은 물리적 전투와 살육 및 지리적 전선의 변화가 없는 대신, 전쟁에서 이루어진 심리전이 지속되고, 전쟁이 일어날 수 있다는 가능성을 늘 강조하면서 상대방을 적으로 삼는 '적대'와 '체제경쟁'이 지속되는 상태를 말한다(Robin, 2001). 전쟁이 총력전으로 바뀌었듯이, 냉전체제도 총력전의 양상을 띠었다(Osgood, 2006). 한국의 경우 '냉전'은 '분단'을 동반한 것이어서 그 강도나 성격이 유럽과 매우 달랐다. 제헌헌법 제정 이후 6개월 만에 제정된 국가보안법과 이 계열을 따라 만들어진 여러 법률은 '분단'이라는 예외 상황을 전제로 하였으며, 한국전쟁의 발발과 더불어 선포된 '비상사태하 범죄 처벌에 관한 특별조치령'(대통령 긴급명령 제1호)은 이런 예외상태를 법제화하였다. 전쟁이 '종료'되지 않은 채 '휴전'이 되고, 이후 지속된 분단 상태에서 한국 국민들은 계엄상태, 비상사태에 자주 노출되었다. 장기간의 분단·냉전하에서 아감벤(G. Agamben)이 말하는 '예외상태'는 상례화(일상화)되었다.

이러한 분단·냉전을 계속 재생산하는 데 한국전쟁 사진들이 큰 역할을 해 왔다. 그럼에도 한국전쟁 사진집에 대한 체계적 연구는 의외로 최근에 와서야 이루어지고 있다. 김형곤(2007)은 한국전쟁에 관한 공식기억의 변화를 추적하기 위해 1950년대 후반부터 2004년까지 발행된 8개의 사진화보집을 선택하여 이들의 변화 양상을 분석하였다.[1] 그에 따르면 냉전시기에 한국전쟁 사진집들은 주로 반공투쟁으로서의 기억, 기념 대상으로서의 전쟁, 그리고 수난자로서의 정체성을 표현하였다. 반공 이미지의 경우 북한의 남침을 시각화하고, 인민재판과 인민군에 의한 '양민학살'을 부각시키며, '자유피란민' 이미지를 활용하였다. 이런 반공 이미지는 1990년대부터 크게 약화되었다. 또한 1950년대부터 1970년대까지의 한국전쟁에 대한 기억을 드러내 주는 사진집들에는 각종 현충탑과 기념비 사진을 통해 국가를 위한 희생의 고귀함을 부각시켰으며, 전쟁 초기 6개월을 집중적으로 부각시켜 '승리'의 이미지를 창출하려고 노력하였다. 이 시기에는 '수난자로서의 민간인'이라는 이미지는 거의 출현하지 않았고, 군인들의 영웅적 전투를 중심으로 하는 사진이 강조되었다. 이런 경향은 1980년대 이후 변화되어 남북한 주민 모두가 겪었던 전쟁의 고통이 강조되었다.

한국전쟁에 관한 군의 최초 공식 기록은 국방부 정훈국 전사편찬회가 1951년 10월 15일 발행한 『한국전란일년지(KOREA IN WAR 1950~1951)』다.[2] 전사편찬회는 5년(1951~1956년)에 걸쳐 한국전란지 시리즈를 5권을

---

1 그가 선택한 한국전쟁 사진화보집은 『건국 10년사』(1958), 『Korea 20 Years in Pictures』(1968), 『시련과 영광의 민족사』(1975), 『사진으로 본 광복 36년』(1982), 『사진으로 보는 수난의 민족사: 6 · 25의 증언』(1985), 『정부수립 40년 1948』(1988), 『다큐멘터리 한국전쟁』(1991), 『지울 수 없는 이미지』(2004)이다. 또한 그는 이 화보집과 함께 매년 발행된 주요 일간지의 6월 25일자 신문에 실린 한국전쟁 관련 사진의 변화를 주로 반공이념의 변화라는 관점에서 분석하였다.

2 1950년 7월 초 정훈국 전사계가 설치되고 전황 일지 작성이 공식적 기록 업무로 수행되었다. '9 · 28 서울수복' 이후 국가적 차원에서 전사편찬의 중요성이 환기되어 국방부는 1950년 10월부터 1951년 1월 사이에 전사편찬 조직을 보강했고, 이렇게 탄생한 것이 정훈국 전사편찬회였다. 미 육군의 전사편찬 조직과 활동에 직 · 간접적으로 영향을 받았던 것으로 보인다. 전사편찬회의 활동 초기에는 이병도, 김상기 교수 등 석학과 소장학자들이 주도적으로 참여했고, 군(국방부 정훈국)은 이를 행정적으로 보조하는 역할을 맡았다. 한국 역사학계와 정치학계를 대표하는 학자와 그 제자들이 민간인 문관 신분으로, 혹은 군 복무 중에 전쟁에 동원된 것이다. 백기인(2005)과 김득중(2011) 참조.

사진 5-1
한국전란지 시리즈

간행했다. 『한국전란일년지』는 한국 최초의 공식전사(Official Military History)로서 '한국전란'의 역사를 서술하고 있을 뿐만 아니라 전쟁일지(1950. 5. 1.~1951. 6. 30.), 전쟁 관련 기초 문헌자료와 통계자료, 사진, 지도, 도표 등의 각종 자료를 포함한다.

그중 사진은 제1부 개설편에 7장(1쪽), 제2부 일지편에 82장(18쪽)에 배치되어 있다. 이 사진들의 주요 피사체를 아군, 적군, 민간인(의 활동)으로 구분하면 각각 64장(72%), 13장(15%), 12장(13%)이다. 아군 사진은 주로 미군(유엔군)의 활동(50장)을 포착하고 있다. (육해공) 전투 활동이 비전투와 비교하면 압도적으로 많음은 물론이다. 그리고 미군의 전투 장면에서는 주로 무기와 화력이 강조되는 편이다. 이에 비해 한국군 사진(14장)은 상대적으로 공격과 방어에서 '육탄'이 오버랩되는 치열한 전투를 포착하고 있다. 적군 사진은 개전 초기에 집중적으로 배치되어 '괴뢰군의 침략' 재현에 초점을 맞추고 있다. 그 외에는 버려진 시체 또는 전쟁포로가 된 적군에 대한 사진들이다. 마지막으로 민간인 사진은 피란, 전시 일상생활, '적 괴뢰'가 저지른 '애국동포 학살', 민간인 '적구(赤狗)' 등에 대한 것들이다. 말 그대로 '일년지'이지만, 한국전쟁에 대한 전통적 서사의 원형이 이 사진들의 배치에서 이미 잘 나타나고 있다.

『건국 10년사』(1958)와 『Korea 20 Years in Pictures』(1968), 『시련과 영광의 민족사』(1975)처럼, 1950~1970년대 사이에 출판된 한국전쟁 사진들의 특징은 대부분 전쟁 자체를 집중적으로 다루는 것이 아니라 현대사의 일부로 다루고 있다는 점이다.

이와는 달리 한국전쟁을 집중적으로 다룬 사진집 중의 하나가 1970년 휘문출판사 편집국이 발행한 『6 · 25동란 사진집: 눈으로 보는 한국전쟁』이다. 전사편찬위원장의 추천사가 붙어 있는 이 사진집은 한국전쟁 20주년을 기념하여 편집, 출판한 것으로, "북괴의 극악무도한 만행에 몸서리쳐지고, 조국의 명맥과 자유를 수호하려는 십자군의 의연한 모습에 숙연"해진다는 서문을 달았다.

휘문출판사는 신문과 방송을 통해 한국전쟁 사진을 수집하였고, 약 2,000여 장의 사진을 수집하여 '세상에 알려지지 않은 사진을 중심으로 1,000장'을 골라 편집하였다. 이 사진집은 '북위 38도선', '아! 6 · 25', '낙동강의 혈전', '인천상륙작전', '태극기는 올랐다', '평양입성', '아쉬움을 남기고', '노병은 죽지 않는다', '휴전회담' 등 9개 부분으로 구성되었다. 사진 촬영자와 시간 및 장소는 밝히지 않고 있으며, 사진마다 캡션을 달았다. 전형적으로 전쟁 초기 6개월의 사진들이 대부분을 차지하고 있다. 맨 마지막에는 전쟁기간 3년 동안 '영광과 오욕으로 수놓은 격전장' 20곳을 선정하여 표시하고 있다.

이후 한국전쟁 사진만을 다룬 화보집은 1985년 출판된 『사진으로 보는 수난의 민족사: 6 · 25의 증언』이다. 이 시기에 이르면 전쟁 후 한 세대가 지났다는 시간적 경과 의식과 함께 '기억의 퇴색'이 거론되기 시작했고, '수난사'로서의 한국전쟁관이 부각되기 시작하였다. 이와 동일한 사진집이 1987년 『사진으로 본 한국전쟁의 실상』으로 한국언론인 동우회에서 발행되었다.

사진 5-2 『눈으로 보는 한국전쟁』의 표지

사진 5-3 『다큐멘터리 한국전쟁』의 표지

한국전쟁 40주년이 되던 1990년, KBS는 상당한 양의 자료조사를 통하여 다큐멘터리 〈한국전쟁〉을 방영하고 이때 수집된 사진들을 모아 1991년에 『다큐멘터리 한국전쟁』(상 · 하)으로 출판하였다. 여기에는 총 846장의 사진이 실려 있는데, '분단: 남과 북', '미소군 철수와 38선 충돌', '폭풍', '북진', '또 다른 전쟁', '협상의 비팔', '후방전쟁', '휴전', '에필로그(반성)' 등 9개 부분으로 구성되었다. 이 책에서 처음으로 북한의 후방지역 주민들의 삶이나 중국 측에서 찍은 사진들이 소개되었고, 미국의 국립문서기록관리청의 사진들이 포함되었으며, 김일성의 젊은 시절 사진도 소개되었다. 또한 남북한 모두 전쟁의 피해자라는 시각이 강조되고, 포로들의 제3국행이나 포로수용소 내부의 중국군 포로들의 생활도 소개되었다. 전쟁의 상처와 이산가족의 모습도 포함되어 있다. 이 사진집은 남북관계를 적대관계로 바라보는 것으로부터 조금씩 벗어나고 있는 현상을 보여 주고 있는데, 이 시기가 세계적으로 냉전체제의 해체기였다는 점에서 시간적 감각의 차이를 면밀히 평가해 볼 필요성을 느낀다.

한국전쟁 사진들은 생산 주체로 볼 때, 국방부 정훈국 보도과 사진대나 여러 한국군 부대 소속 사진가들이 기록한 사진과 미국 등 서방언론의 의뢰를 받은 외국인 종군사진가들이 남긴 사진, 또는 중국군 소속 종군사진가들이 찍은 사진으로 구별되고, 생산 목적으로 볼 때 당시의 신문이나 잡지 등을 통해 공개된 보도사진과 사진가들이 개인적으로 기록한 기록사진으로 구별된다.

한국전쟁 이후 전쟁사진들은 수없이 국민적 기억의 창출에 활용되었지만, 정확하게 그것을 찍은 사진가나 촬영 일시와 장소에 대한 질문은 별로 제기되지 않았다. 사진을 이미지로 취급했기 때문이다. 한국 측에서 전쟁사진을 생산한 주체는 대부분 정훈국 보도과 사진대와 각 부대 소속 종군사진가들이었다.[3] 그럼에도 불구하고 이에 대한 구체적 연구가 이루어지지 않았다.

한국전쟁 사진집 출판을 주도해 온 눈빛출판사는 1959년에 중국해방군화보사가 출판했던 것을 번역하여 2005년에 『그들이 본 한국전쟁 1: 항미원조-중국인민지원군』이라는 제목으로 출간하였고, 곧바로 미국 해외참전용사협회가 엮은 사진집을 『그들이 본 한국전쟁』의 2권 및 3권으로 출판하였다. 2008년에는 '그들이 본 것'과 대비될 수 있도록, 『우리가 본 한국전쟁』이라는 사진집을 출간했는데,[4] 이는 1950년 당시 국방부 정훈국 사진대 대장이었던 임인식이 남긴 사진들을 모은 것이다.

---

3 이들이 촬영한 사진은 한국군의 정훈 업무를 위한 것으로, 한국에서 정훈은 '군인들에 대한 공보(troop information)', '대민공보(public information)', '군일반 교육(troop education)', 그리고 '심리전'을 포함하는 것이다.

4 이 출판사가 처음부터 한국전쟁 사진을 '우리가 본' 것과 '그들이 본' 것으로 구분하여 출판하려고 기획했는지는 알 수 없지만, 한국전쟁을 바라보는 시선의 차이를 인식하고 있을 뿐 아니라, 시선의 교차를 통하여 한국인들이 가진 한국전쟁의 경험이나 이미지를 객관화하려는 노력을 하고 있다는 것은 틀림없어 보인다.

사진 5-4 『우리가 본 한국전쟁』의 표지

임인식[5] 사진집은 서문에 6장의 사진을 배치하고, 이어 '전쟁발발', '인천 상륙작전과 서울수복', '전쟁의 상흔과 동족상잔', '북진과 평양입성', '전란에 내몰린 민간인들', '끝나지 않은 전쟁' 등 6장으로 편집하여, 총 123장의 사진을 수록하고 있다. 이 책은 이전의 사진집과 구별되는 몇 가지 특징이 있다.

첫째, 이 사진집은 서문에 임인식의 아들인 임정의가 아버지에 대해 회고하는 내용과 함께 각 장에 해당하는 임인식의 일기가 6월 24일부터 10월

5 임인식(1920~1998)은 평안북도 정주 출생으로 용산 삼각지에서 한미사진기점을 운영하면서 사진가로 활동했다. 그러다가 1948년 경비사관학교(육군사관학교 전신) 8기로 입교했고, 1949년 1월 14일 졸업해 1950년부터 1952년에 대위로 예편하기까지 국방부 정훈국 보도과 사진대 대장으로 한국전쟁에 참전했다. 그는 6월 25일부터 곧바로 전선에 투입되어 전쟁사진을 찍기 시작했다. 그는 이 시기에 비교적 자세한 일기를 작성했는데, 이를 통해 초기 정훈국 사진대의 동향을 비교적 상세히 파악할 수 있다. 그는 1952년 6월 예편한 이후 전도선, 문제안, 박진식 등과 함께 대한사진통신사를 설립해 육군의 대외화보집을 촬영, 편집했으며, 다큐멘터리 사진을 찍었다. 1961년에는 당시 사진계 인사들과 한국사진협회를 창립했다(임정의, 2008: 7-10).

21일까지 부분적으로 제시되어 있어, 사진을 찍고 있는 상황에 대한 맥락이 구체적으로 드러난다. 5장 '전란에 내몰린 민간인들'에서는 1950년 8월 포항 전투가 끝난 후 현장을 수습하러 갔던 여군 정훈요원이 한 학도병의 시신에서 발견한 수첩에 적혀 있던 '어머니께 보내는 편지'(8월 10일)가 실려 있어 현장감이 강렬하다.

둘째, 이 책의 가장 큰 특징은 당시 정훈국 사진대 또는 대장 임인식이 전선을 따라 어떻게 움직였는지를 잘 알 수 있다는 것이다. 전쟁 발발부터 1950년 10월 평양 탈환(점령) 시까지의 사진들은 최전선의 모습을 매우 생생하게 담고 있으며, 특히 평양의 주민 동향이 잘 표현되어 있다.

셋째, 임인식의 사진집에는 1950년 말과 1951년 초, 즉 '1 · 4 후퇴' 전후의 전투사진들은 실려 있지 않고, 1951년부터 시작된 휴전회담에 관련된 사진들만 수록되어 있다. 이것은 1950년부터 1980년대까지의 한국의 공식기억을 담은 사진집들이 가진 공통점이기도 한데, 공식사진집들은 이념적 요인으로 북진 국면까지의 사진들을 주로 보여 주고, 2차 후퇴기 이후의 사진들을 생략하는 경향이 있다. 이와 관련해 임인식 사진집도 동일한 인식틀에 의해 사진이 있음에도 편집상 생략한 것인지, 아니면 다른 이유가 있어서인지 명확하지 않다.

넷째, 임인식이 정훈국 사진대 대장으로 1950년부터 1952년 5월까지 활동하였지만, 그가 찍은 사진들이 모두 정훈국으로 이관되지는 않은 듯하다. 당시의 정훈국 사진대원들은 개인 카메라를 별도로 휴대해 찍었다. 이러한 이유로 종종 자신의 모습을 담은 사진을 갖고 있었는데, 임인식의 경우 모윤숙이나 영국 처칠 수상의 아들 랜돌프 처칠 기자와 찍은 사진, 그리고 1951년 개성에서 정전회담 취재 중 북한군 병사와 환담을 하고 있는 장면을 찍은 사진 등이 그것이다.

흥미로운 것은 정훈국 사진대 대장으로 활동했던 임인식의 전쟁사진들이 일찍 공개되지 않고 2008년에야 비로소 사진집으로 묶여 나왔다는 점이다. 그가 전쟁 후 찍은 1950년대의 서울과 지방의 풍경기록사진들은 1995년에 출판되었다는 점이 이를 더욱 궁금하게 한다(임인식 · 임정의, 1995). 이런 질문에 대한 답을 얻기 위해서는 아무래도 그가 육사 8기 출신의 장교였고, 1961년 5월의 군사쿠데타의 주역들이 그와 같은 동기생이라는 점에 주목할 수밖에 없다. 임정의는 "1961년 군사정변이 일어났을 때 아버님과 가까웠던 동료들이 동참해 주지 않는다고 많은 압력을 가해 왔"고, 이후 미국으로 이민을 떠날 생각을 하고 '은거'하였다고 썼다. 아마도 그는 5 · 16 군사쿠데타를 반대하고, 이후 계속 정치권과 거리를 두고 생활하면서, 자신이 찍은 전쟁사진들조차 공개하지 않은 듯하다. 결국 그는 1987년에 미국으로 이민을 떠났고, 1991년에는 고향인 평북 정주에 다녀온 후 1998년 사망하였다.

한국인 사진가들은 대체로 1~2년 또는 수개월 동안 종군사진가로서의 임무를 수행하였고, 이 임무가 끝난 다음에는 다시 민간사진가로 돌아왔다. 이들에게는 한국전쟁이 자신이 살고 있던 생활세계의 파괴였으므로, 이국적인 매혹이나 전쟁의 공포를 전달하는 객관적 전달자의 입장을 넘어서서 자신을 기록하고 성찰하는 작가로서의 입장을 갖게 되었다. 한국의 사진계에서 1950년대에 전개된 '생활주의 리얼리즘'[6]은 한국의 사진가들이 한국전쟁을 계기로 일상의 현실을 직시하게 된 것을 의미한다.

여기에서 이경모[7]를 언급하지 않을 수 없다. 그는 임인식처럼 정훈국 사진대 소속으로 1951년 3월 말까지 종군했다. 그러나 이경모는 임인식과 차별적인 시각을 보여 주었다. 임인식의 사진집이 전형적으로 한국전쟁의 사진 기록들을 특정한 기념 서사로 재현했다면, 이경모의 사진집, 『격동기

6 이 개념에 대해 임응식은 "사회적 현상의 객관적 묘사와 전후 황폐한 환경과 인간생활을 휴머니티한 눈으로" 보는 것이라고 말한 바 있다(임응식, 1999).

7 이경모(1926~2001)는 전라남도 광양 출생으로 1946년 1월 호남신문사의 사진부장을 맡게 되면서 본격적으로 보도사진 활동을 했다. 그는 격동기의 현장에서 광복, 신탁통치를 둘러싼 좌우 갈등, 미소공동회담, 남북회담, '여순사건', 한국전쟁을 발로 뛰며 사진으로 기록했다. 이 사진들의 일부는 『격동기의 현장』(1989)에 수록되었다.

의 현장』은 정통 '르포르타주' 형식을 활용하고 있다.[8] 다시 말해 전형적인 한국전쟁 내러티브에 낱장의 사진 재료들을 배치하는 것이 아니라, 사진 속 생생하게 포착된 피사체가 다양한 전쟁 이야기들(narratives)을 마치 속삭이듯이 말할 수 있도록 했다.

민간인을 포착한 사진들로 예를 들어보자. 임인식은 '전란에 내몰린 민간인들'을 학도병과 피란민으로 표상했다. 즉 국가의 부름을 받고 기꺼이 목숨을 내놓고 싸우는 '국민'과 적을 피해 고통을 마다하고 남하하는 '자유피란민'만을 민간인으로 재현한 것이다. 낱장 사진 속 피사체들이 속삭이는 말들은 단 하나만의 전쟁 이야기에 압도된 채 파묻히게 된 것이다. 이에 반해 이경모는 민간인을 부역자(포로), 투표하는 아낙(여성), 피란민, 고아, 전시 일상생활을 살아가는 각양각색의 사람들, 천막학교에서 공부하는 아동들 등 다양한 군상으로 표상했다. 대문자 전쟁 서사에 압도되지 않는 이들의 표정은 매우 생동감 있고, 행동 변화가 잘 포착되고 있어 사진만으로 현장 분위기가 잘 재현되고 있다. 한 연구자는 이를 두고 이경모의 날카로운 시선만이 꿰뚫을 수 있는 사회현실의 모습이라고 평가한 바 있다(김상미, 2010a: 459). 또 다른 연구자는 "이경모의 사진들이 단순한 시각자료 이상의 가치를 획득하게 되는 것은 그가 역사적 사건의 전개 과정에서 수동적인 방관자의 시각을 넘어 사건의 본질을 깊이 있게 이해하고자 하는 스스로의 고유한 시각을 견지하고 있었기 때문"이라고 평가하기도 했다(김창완, 2011: 36). 이는 임응식[9]이 '생활주의 리얼리즘'을 본격적으

8 사진비평가 박평종 역시 이경모의 사진에 대해 같은 평가를 했다(박평종, 2007: 167).

9 사진계몽운동가이자 교육자였던 임응식(1912~2001)의 종군사진가 경력은 매우 짧다. 그는 크네츠(E. Knez) 부산 미국문화원 원장의 권유로 미국무성 소속 종군사진가로 활동했는데, 인천상륙작전과 서울수복 전투에 종군해 사진 활동을 했다. 그의 회고에 따르면, 그는 인천에서 서울에 입성하기까지 사진을 거의 찍을 수 없었는데, 그 이유에 대해 살롱사진을 찍던 버릇 때문이라고 스스로 진단한다. 그러나 그는 약 10일이 넘는 사진 활동으로 남긴 사진들로 10월 15일부터 부산 미문화원과 광복동 집 앞거리에서 '경인전선 보도사진전'을 열었다. 그리고 그는 짧은 종군 기간 동안 『라이프』의 민간사진가로 유명했던 워커와 버크-화이트를 만났고, 치열한 한순간을 찍기 위해 수천 장에 달하

로 주창했을 당시 밝혔던 "고통당하는 한국민을 주요 피사체로서 휴머니티한 눈으로 바라보는 사진가의 시선"이라는 말과 공명하고 있다.

한편 한국전쟁에 관한 사진을 논의할 때 중요한 주제 중 하나가 검열이다. 한국정부가 전쟁 발발 직후 전시 언론·출판 검열에 대한 제도적 장치를 별도로 만들지는 않았지만, 계엄과 '비상사태하 범죄 처벌에 관한 특별조치령'(대통령 긴급명령 제1호)이 작동하는 현실에서 그 누구도 제도 없는 검열을 문제 삼을 수는 없었을 것이다. 다만 개전 초기 낙동강 방어선까지 정신없이 쫓겨 내려가던 상황에서 언론·출판 검열을 수행할 행정력의 여지가 없었을 것이다.

국방부 정훈국 보도과는 1950년 11월 신문이나 잡지는 물론이고 벽보, 포스터 등 모든 출판물을 사전검열의 대상으로 삼는다고 발표했다. 이에 미루어 보면, 한국전쟁 초기에는 비교적 자유롭게 사진을 언론에 보도했을 것으로 보인다. 당시 신문들은 사진을 게재할 때 촬영한 사진가나 장소, 일시 등에 관한 정보를 소홀하게 다루었고, 짧고 공식적인 익명의 출처를 밝히는 경우가 많았다. 1951년 4월 비상계엄이 경비계엄으로 바뀌었지만, 검열은 계속되었다. 한국정부는 1951년 7월, 그리고 1952년 3월 기존의 신문지법을 대체할 출판물법을 제정하려고 했으나 야당과 언론의 반대로 실패하였다. 1952년 5월 다시 비상계엄이 선포되면서 사전검열제가 부활하여, 군 관련 기사는 모두 검열을 받도록 하였다. 이처럼 한국전쟁기에 보도사진은 검열 대상이었다. 그러나 사진 검열 연구에서 한 가지 난점은 한국의 사진가들이 찍은 사진들에는 검열의 흔적을 담은 사례가 별로 없다는 점이다. 오히려 미국 국립문서기록관리청에서 발굴된 사진들에는 사진 위에 제한(restricted)되었거나 제한 후 해제되었다는 표시가 발견

는 사진을 찍는 모습을 보면서 자신의 사진적 경향의 변화에 큰 계기가 되었다고 회고한다. 이렇게 볼 때 한국전쟁과 종군사진가라는 경험은 1950년대 '생활주의 리얼리즘'의 탄생에 공통 자양분이었다고 할 수 있다(임응식, 1999: 82-101).

된다. 이것은 명백히 이 사진들이 보도사진에 속하고 사전검열의 대상이었다는 것을 의미한다. 하지만 미국 측 사진들에 대한 검열의 기제가 당시 한국군 정훈국의 검열과 동일한 것이었는지는 아직까지 확실하지 않다.

사진을 포함한 출판물 일반에 대한 군사검열은 군사비밀의 유지나 심리전의 차원에서 고려되었다. 당시 언론은 적군의 잔혹행위를 보여 주는 학살 관련 사진을 자주 실었는데, 이것은 역으로 적군에 대한 비인간적 처우를 정당화시키는 기능을 하였다. 당시 국가권력은 언론을 활용하여 심리전을 수행하기도 하였다. 즉 전선과 후방을 대비시켜 후방의 주민들을 통제하고, 미군의 강력한 무기, 즉 우세한 공군력이나 해군력을 보여 주는 사진들을 자주 실어서 아군에게는 승리에 대한 확신을, 적에게는 공포감과 무력감을 불러일으키도록 유도하였다. 종군사진가들이 찍은 사진들은 종종 심리전 전단에도 활용되었다.

전쟁사진은 그것이 담고 있는 현실의 일부를 포착한 것으로, 현실의 반영이자 변형일 뿐, 역동적으로 움직이는 현실 그 자체를 재현하지는 못한다. 그럼에도 불구하고 전쟁사진이나 전단은 가장 강력하고 중요한 심리전의 수단이 된다. 특히 사진을 활용한 전단은 그것이 가진 진정성 때문에 널리 활용되었다. 이 사진들은 종종 아군과 적군을 용맹함과 비굴함, 승리와 패배, 풍부함과 배고픔, 군림함과 휴머니즘 등 각종 이원적 대비에 적용시킴으로써, 아군의 정당함과 적군의 비열함을 강조하여 내부적 단합과 외부적 교란이라는 이중적 목적을 달성하려고 하였다.

2. '그들이 본' 한국전쟁

1) 미군 사진병의 시각

2005년 눈빛출판사는 『그들이 본 한국전쟁』 시리즈의 제2권과 제3권으

사진 5-5 『그들이 본 한국전쟁』의 표지

로, 미군 해외참전용사협회가 1951년과 1954년에 간행한 사진집, 그리고 유엔군 사령관이었던 맥아더와 그의 후임인 리지웨이, 클라크 장군의 보고서를 함께 편집하여 출판하였다.

제2권은 1945년 해방부터 1950년 말 북한지역으로부터의 후퇴 장면까지를 담고 있으며, 제3권은 1951년부터 1953년까지의 미군과 유엔군의 활동을 담고 있다. 이 사진집의 한국어판 편집자는 이 사진들이 대부분 미군 사진병과 군속사진가들이 찍은 것이며, 항공사진은 미 공군이 찍은 것이라고 설명하고, 이 사진들이 전쟁의 실제 피해자가 누구인가를 묻고 있다고 썼다. 즉, 미군이 촬영한 사진들을 통해 한국인들의 희생과 고통을 읽으려고 하는 것이 눈빛출판사가 이 사진집을 재출간한 의도라고 판단된다.

우선 미군 측 사진집이 한국에서 '그들이 본' 것으로 분류된 것에 관하여 언급할 필요가 있다. 오늘날 한국에서 미국을 '그들'로 표현하는 것은 낯설지 않지만, 한국전쟁 당시에는 그렇지 않았다. 한국정부는 전쟁 발발과 더불어 유엔군이 참전하자 이를 환영하기 위해 1950년 9월 16일 유엔데이(10월 24일, 국제연합창설일)를 법정공휴일로 지정했다가 1976년 9월에 가서야 '각종 기념일 등에 관한 규정'을 통하여 법정공휴일에서 제외하였다.[10] 베트남전쟁의 결과에 충격을 받은 박정희 대통령이 '자주국방'노선을 추구하면서 미국과의 갈등이 심화되었던 상황을 반영한 것이었다. 이후 한국인의 역사인식에서 미국이나 유엔은 '우리'와 '그들' 사이를 오가는 존재가 되었다.

다음으로 이 사진집에 수록되어 있는 사진의 생산 출처와 출판연도에 대해 논의할 필요가 있다. 사진은 거의 대부분 미 육군통신대 사진대가 찍은 것들이며, 일부 공중폭격 작전과 해군 작전, 그리고 미 1해병사단의 전투 사진은 각각 공군과 해군, 해병대 사진대 소속 사진병이 촬영한 것이다.[11] 이 가운데 기밀로 분류되지 않고 공보용으로 제공되었던 사진들을 중심으로 한국전쟁이 한창이던 1951년 미 해외참전용사협회가 『사진으로 보는 한국전쟁사, 맥아더 보고서, 1945~1950(*Pictorical History of the Korean War, Macarthur Reports, 1945~1950*)』을 처음 펴낸 것이다. 국내외 한국전쟁 사진집 가운데 가장 빠른 출간이었다. 그리고 그 후속 사진집인 『사진으로 보는 한국전쟁사, 리지웨이와 클라크 보고서, 1951~1953(*Pictorical History of the Korean War, Ridgway and Clark Reports, 1951~1953*)』이 휴전 다음해인 1954년에 출간되었다. 이 두 권의 사진집이 한국판 『그들이 본 한국전쟁』 제2권과 제3권인 것이다.

이 사진집의 시각을 분석해 보면, 제2권에 수록된 사진은 총 572장이

---

10 유엔데이는 1945년 10월 24일 미국 샌프란시스코에서 국제연합이 조직된 것을 세계적으로 기념하는 날이다. 유엔데이를 법정공휴일에서 해제한 조치가 '총력안보'를 내세운 박정희 대통령의 유신정권 시기였다는 점이 흥미롭지만, 그것이 정치적인 이유였는지 경제적인 것이었는지는 불명확하다.

11 이 사진들은 미국 국립문서기록관리청(NARA) 2관 사진실에서 열람할 수 있으며, Record Group 80-G(해군 사진대), 111-SC(미 육군통신대 사진대), 342-FH(공군 사진대) 등에 보관되어 있다.

다. 흥미로운 것은 그 가운데 50장은 해방 이후 6월 25일 이전까지의 사진인데, 한국전쟁의 배경을 보여 주기 위해 배치되었다. 전쟁이 한창 진행 중이었던 1951년에 전쟁 발발과 관련해 외인론(미국과 소련으로 표상)과 내인론(국내갈등으로 표상)을 종합적으로 고려하는 서사가 형성되고 있다. '6 · 25 전쟁'의 발발은 주한미국인과 외국인들의 일본 소개 장면으로 시작되고 있다. 대부분 전쟁사진의 피사체는 아군, 그중에서도 미군과 유엔군이다. 사진 속 미군의 이미지는 거의 항상 용맹하며 늠름해 보인다. 연전연패를 거듭했던 전쟁 초기 지연전 시기는 물론 중국의 참전 이후 장진호전투에서 처참한 패배를 겪고 흥남에서 후퇴('뒤로 전진')하는 미 해병대 병사들의 모습도 그런 방식으로 포착된다. 하늘과 바다에서 맹활약하는 미군과 유엔군의 첨단 무기체계를 포착한 사진들이 간간히 배치되어 있는 것도 이러한 이미지를 더욱 강화시킨다.

아군인 한국군 사진은 찾아보기 힘들다. 적은 전쟁포로로 재현된 채 일부 배치되어 있고, 적이 저지른 것으로 전제된 민간의 파괴와 학살 사진들이 일부 있다. 이 사진집의 한국판 출판자는 "백의의 피란민과 고아들이 이 책의 조연으로 등장하고 있으며 이 전쟁의 실제적인 피해 당사자가 누구인지를 우리에게 묻고 있다"고 말하고 있지만, 냉정히 말해 실상은 미군과 유엔군의 영웅적 면모를 부각시키기 위한 엑스트라에 불과한 것이 아닌가 싶다. 이러한 시각은 1954년에 출간되었던 제3권에서도 반복된다. 총 534장의 사진 가운데 민간인을 중심피사체로 삼은 사진이 단 31장(5.8%)에 불과하며, 그중에서도 23장이 한국인 피란민, 전쟁고아, 그리고 일상생활과 관련한 사진이다.

이 사진집과 비교할 수 있는 사진집이 있다. 그것은 바로 미 육군전사센터가 1952년에 펴낸 『한국: 1950(*Korea: 1950*)』과 1956년에 출간한 『한국: 1951~1953(*Korea:1951~1953*)』이다.

미 해외참전용사협회가 펴낸 사진집과 거의 동일한 출처의 사진들로 묶었음에도 이 두 권의 사진집이 갖는 차별적인 특징은 사진과 함께 미 육

사진 5-6 *Korea*의 표지

군의 공식전쟁사 서사의 원형이 되는 글이 함께 배치되어 있다는 점이다.

사진글은 한국전쟁 기간을 크게 총 5개의 시기, 즉 ① 1950. 6. 25.~12. 31., ② 1951. 1. 1.~4. 21., ③ 1951. 4. 22.~11. 12., ④ 1951. 11. 13.~1952. 6. 30., ⑤ 1952. 7. 1.~1953. 7. 27.로 구분한다.

1950년은 총 5개의 장, 즉 '북한 침략의 서곡', '부산 방어선으로 후퇴: 6. 25.~7. 31.', '부산 방어전: 8. 1.~9. 14.', '유엔군의 역공세: 9. 15.~11. 24.', '압록강으로부터의 철수: 11. 25.~12. 31.'로 구성되어 있다. 1951~1953은 총 10개의 장, 즉 '적의 파도: 1951. 1. 1.~1. 24.', '공격과 반격: 1. 25.~2. 28.', '38선을 넘어서: 3. 1.~4. 21.', '적이 반격을 가하다: 4. 22.~5. 19.', '유엔군이 전진을 재개하다: 5. 20.~6. 24.', '소강과 재발: 6. 25.~11. 12.', '교착: 1951. 11. 12.~1952. 6. 30.', '지원과 서비스', '전초전: 1952. 7. 1.~12. 31.', '마지막 전투: 1953. 1. 1.~7. 27.'로 구성되어 있다.

마지막으로 이 사진집의 가장 차별적인 점은 수록된 모든 사진의 출처(생산기관 및 넘버링) 목록을 뒷부분에 첨부했다는 것이다. 일종의 사진 서

지사항에 불과한 기본적인 생산자 정보지만, 사진집에서 이렇게 낱장 단위로 출처를 밝힌 경우를 아직까지는 보지 못했다. 원 출처의 사진에는 재현된 이미지 분석을 넘어서 사진의 시각과 사각을 충분히 분석할 수 있도록 안내해 줄 상세한 생산정보(캡션)가 달려 있다. 이 출처 목록은 이에 접근할 수 있는 기본적인 정보를 제공해 준다는 점에서 큰 의미가 있다고 생각한다.

2) 외국의 민간 전쟁사진가의 시각

한국전쟁에서 사진을 통한 이미지 형성력은 오늘날의 텔레비전의 역할과 비견될 정도로 큰 것이었다. 당시의 삐라들이 전장을 중심으로 뿌려졌다면, 사진은 신문과 잡지를 통해 훨씬 널리 그리고 국제적으로 영향력을 미쳤다. 한국전쟁이 발발하자 세계적인 잡지사, 통신사, 신문사는 한국에 많은 사진가들을 파견하였다. 개전 직후부터 일본 주재 특파원과 전쟁사진가들이 미군 수송기로 김포와 수원 비행장을 통해서 한국으로 들어와 활동했다. 6월 27일 히긴스(『뉴욕헤럴드트리뷴』), 크레인(『뉴욕타임스(*The New York Times*)』), 기브니(『타임』)를 시작으로, 28일에는 『라이프』의 사진가 덩컨, 램버트(연합통신)가 들어와 급박하게 패퇴하는 상황을 취재했다. 그 이후 한국의 전장에는 『라이프』 도쿄지국장인 마이던스, 워커, 도미니스, 소추렉, 루지에르(이상 『라이프』), 시몬, 매기, 카메론, 하디(이상 『픽처포스트』), 데스퍼(연합통신), 브리톨(『포춘』) 등이 들어와 생사를 걸고 종군하며 활약했다.[12]

그중에서도 마이던스, 덩컨, 데스퍼는 한국전쟁하면 항상 떠오르는 대표적인 사진 이미지들을 남겼다. 그들의 사진은 한국전쟁 개전 초기 후퇴

12 한국전쟁 3년간 취재에 참여한 서방의 종군기자는 약 600여 명에 이르렀는데, 보통 175~250명 정도의 종군기자가 일본 도쿄와 한국에 상주했으며, 평균 40~60명의 기자가 전선의 전황을 보도하였다. 이들은 한국전쟁을 그 당시의 미국 신문 사상 "가장 철저하게 보도된 전쟁"으로 만들었다(김윤정, 2009: 1).

와 지연방어 전투, 낙동강전선에서의 격전, 인천상륙작전과 '서울수복', '북진'과 이북 주요 지역 점령, 중공군의 반격과 장진호전투, '1 · 4 후퇴' 등 개전 직후 약 1년 동안의 주요 지역의 사건들에 집중되어 있다. 개전 초기에는 언론에 대한 미군의 검열이 느슨했기 때문에 기사의 논조와 사진 이미지 속 피사체에 대한 시각이 매우 다양했다.

마이던스의 사진은 『라이프』 외에도 1951년 퓰리처상을 받은 히긴스의 『한국에서의 전쟁(*War in Korea*)』[13]에 실려 있다. 다시 말해 이 종군여기자의 일지는 히긴스와 마이던스(와 다른 사진가들)의 공동 사진글로 볼 수도 있다. 전체 사진 36장 가운데 마이던스의 사진이 23장이다. 마이던스 사진의 피사체도 주로 미군이지만, 한국 민간인도 적지 않은 편이다. 한국의 전형적 마을 풍경, 피란민, 고아, '정치범' 등을 매우 인상적인 프레임으로 담아냈다. 즉 그는 한국의 풍경과 문화에 대해 깊고 우호적인 시선을 보여 주었고, 한국 민간인에 대해서도 인간적인 시각으로 바라보았다고 볼 수 있다. 전쟁사진가로서는 흔치 않게 전쟁(전투)과 군을 주제로 한 사진보다는 전쟁에서의 민간(인)의 고통과 전시 일상에 주목했다. 1948년 10월의 '여순사건'을 취재하면서 남긴 사진들도 군의 진압작전 상황 못지않게 관심이 있었던 피사체가 민간인들이었다는 사실을 상기해 보면, 그리고 그가 가족과 함께 일본에 정착해 살면서 한국과 일본의 풍경과 문화에 매우 우호적이었음을 생각해 보면, 사진에 투영된 그의 휴머니즘적 시각은 충분히 이해된다.

이와 차별적인 시선을 보여 주는 사진이 바로 덩컨의 사진이다. 특히 1951년 출간한 그의 사진집 『이것이 전쟁이다(*This is War*)』는 단적으로 한국전쟁에 대한 미국(군)의 시각을 대변하는 것으로 간주할 수 있다. 이 사진집의 부제는 한국전쟁 사진글인데, 같은 해 출간된 미 해외참전용사협

13 이 책의 한국어 번역판은 마거릿 히긴스 지음, 이현표 옮김(2009), 『자유를 위한 희생』이다.

사진 5-7 *War in Korea*(1951)와 *This is War*(1951)의 표지

회의 사진집과 거의 다를 바 없을 정도로 군, 특히 해병대 중심의 시각을 보여 준다. 미 해병대 출신(해병 중령 전역)이었던 그는 『라이프』가 고용한 민간 전쟁사진가였음에도 여전히 해병의 시선으로 사진을 찍은 것이다. 사진집은 덩컨이 전쟁 직후 8월까지의 상황을 회고한 글 '한국 1950'을 제외하면 크게 세 부분, '고지', '도시', '지옥에서 퇴각!'으로 구성되어 있다. '고지'의 사진들은 8월, 해병 1여단이 낙동강 방어선 서쪽 진주-사천-마산 축선에 투입되어 수많은 이름 없는 고지전들을 치르는 장면을 포착한 것이다. 이 사진집의 표지 사진, 북한군 병사의 시체 옆을 지나치며 철모로 얼굴이 반쯤 가려진 미 해병 병사들이 달려가고 있는 장면도 이 시기의 사진이다. '도시' 부분은 인천에 상륙한 미 해병이 서울로 진격하는 과정과 서울에서의 격렬한 시가전 장면을 포착한 사진들이 배치되어 있다. 마지막으로 '지옥에서 퇴각!'은 장진호전투 이후 유담리에서 하갈우리, 고토리, 진흥리, 황초령, 함흥으로 이어지는 기나긴 '뒤로 전진'의 상황들을

담은 사진들을 보여 준다. 덩컨 사진의 피사체는 대부분 미 해병 병사다. 병사의 얼굴을 클로즈업한 사진을 통해 날카로운 때로는 흐리멍덩한 눈빛과 표정 없는 얼굴을 포착함으로써 피 튀는 살육과 또 다른 전장을 표현해 낸다. 이를 위해 덩컨은 그 어떤 전쟁사진가보다도 항상 최전선에서 전투하고 있는 병사의 근거리에 있었다. 총알이 빗발치고 포탄이 터지는 병사의 바로 앞뒤에서 '친밀한 동료'로서 사진 활동을 수행했다. 그의 사진에 실린 미군의 이미지는 이후 워싱턴 DC의 한국전쟁 참전용사 기념물의 모델이 되었다. 그가 전쟁사진의 새로운 장르를 개척했다고 평가받는 데에는 이런 배경이 있는 것이다.

데스퍼와 관련해서는 '대동강철교의 피란민'이라는 사진을 논의할 필요가 있다. 그는 1945년 히로시마에 원폭을 투하하고 사이판에 귀환했던 B-29기를 처음 촬영한 사진가이며, 그해 9월 2일 미주리 호 함상에서 일본이 항복서명을 하는 장면을 찍은 유명한 민간 전쟁사진가였다. 그런 그가 1950년 7월 17일 한국에 들어와 미 24사단과 함께 종군하면서 남긴 사진은 수없이 많다. 그럼에도 불구하고 그가 1950년 12월 4일 찍은 '대동강철교 위 피란민'이라는 사진에 주목하는 이유는 이 사진이 『라이프』에 보도(12월 18일자)되면서 단순히 기록사진을 넘어서 포토저널리즘의 맥락에서 새로운 시대를 연 것으로 평가되었기 때문이다.

이 날짜의 『라이프』는 두 가지 버전으로 간행되었는데, 둘 다 모두 데스퍼의 대동강철교 사진을 종군기자 모펫(H. Moffett)의 기사 "한국의 상황: 도주"와 함께 싣고 있는데, 흥미롭게도 상이한 해석을 유도하는 사진의 배치를 하고 있다. 첫 번째 판본에서는 데스퍼의 '대동강철교의 피란민' 사진에 이어 피란민들의 '비극적 행렬'이라는 캡션이 달린 사진 2장을 연이어 배치했다.[14] 그리고 이 사진글 앞의 여러 장의 사진이 있는데, 그것

14 *Life* 1950. 12. 18., pp. 28-29.

THE SITUATION IN A NUTSHELL: "BUG OUT"

From Army hospital LIFE correspondent cables stories and thoughts of soldiers wounded in disaster

by HUGH MOFFETT

사진 5-8 모펫의 기사와 데스퍼의 '대동강철교의 피란민' 사진(*Life* 1950. 12. 18.)

은 "위대한 후퇴는 계속된다"는 제목 아래에 평양의 탄약열차를 폭발시키고 미 8군이 후퇴하는 사진 7장이다.[15] 이와 달리 두 번째 판본에서는 앞의 이 사진들이 삭제되고 대신 "소개작전이 시작되었다"는 기사와 함께 양차 세계대전에서 유명한 소개작전들에 대한 3장의 사진이 배치되었다(박은영, 2009: 56).

첫째 판본이 미군의 후퇴와 그에 따른 파괴 및 피란 현장을 여과 없이 보도했다면, 둘째 판본은 이를 배제한 채 과거의 역사적 사건들을 나열하여 현재 미군의 후퇴(패배)라는 부정적 사실을 약화시키고 한국에서 미군의 희생을 부각시키는 효과를 가져온다. 즉 둘 다 '대동강철교의 피란민' 사진을 사용하고 있지만, 사진의 효과는 다르다. 앞에서는 한국전쟁의 퇴

15 *Life* 1950. 12. 18., pp. 23-27.

각 상황을 생생히 보도함으로써 독자에게 현재의 뉴스로서 이 충격적인 이미지를 수용하게 한다. 그러나 뒤에서는 대동강철교의 장면을 이전의 유명한 소개작전들 사이에 배치함으로써 역사의 한 페이지로 간주해 버리고, 독자의 충격을 완화시킨다. 미국에서 한국전쟁은 당사자인 한국(인)의 입장과 달리 지역성을 넘어 객관화되고 타자화되었다(박은영, 2009: 56-57).

데스퍼가 전쟁을 기록함에 있어서 취했던 인간주의적 시각은 이렇게 그가 의도했던 의미와 달리 재현되었다. 흥미로운 것은 이 사진이 1951년 보도사진 부문 퓰리처상을 받으면서 그 재현의 의미가 또다시 변형되었다는 사실이다. 동일한 사진이 한국전쟁을 대표하는 이미지로 재현되기도 하고, 동시에 전쟁의 비인간적 참상을 기록하고 고발하는 이미지로 재현되면서 인류애적 원조(구원)를 보편화하는 장치가 된 것이다.[16]

이런 점에서 볼 때 1975년에 출간된 『전쟁에서의 라이프지(*Life At War*)』는 외국의 민간 전쟁사진가의 시각을 압축적으로 보여 주는 사진집이라 할 수 있다. 이 사진집은 『라이프』 출신의 종군사진가들이 찍은 사진을 선별해 묶은 것으로, '한국동란'과 관련해서는 총 61쪽에 걸쳐 64장의 사진이 배치되었다. 이 사진들은 마이던스(14장), 덩컨(14장), 워커(10장), 루지에르(7장), 도미니스(5장), 버크-화이트(4장), 비숍(3장), 소추렉(2장) 등이 찍은 것이며, 거의 한쪽에 한 장의 사진을 배치한 것으로 한 장 한 장 사진의 의미를 강조한 것이라 볼 수 있다.

한국전쟁 부분은 크게 '38선을 에워싼 사투'와 '고향을 쫓겨난 사람들'로 구성되어 있다. 전자의 피사체는 주로 미군인데, 그냥 전투 장면을 담은 것이 아니라 고통과 공포에 질려 있는 미군의 모습도 부각시키고 있다. 후자의 피사체는 주로 한국 민간인, 특히 피란민과 고아의 모습을 담고 있

---

16 물론 이것은 미국적, 또는 세계적 수용 맥락에서의 재현 의미에 해당한다. 한국에서는 '자유피란민'의 재현으로 수용, 재생산되었다. 즉 공산주의의 압제를 피해 죽음을 무릅쓰고 자유를 위해 탈출을 감행하는 월남민의 '엑소더스' 이미지로 재현된 것이다. 현재 용산 전쟁기념관의 데스퍼 사진의 배치는 그러한 서사의 정점에 있다.

사진 5-9 *Life at War*의 표지

다. 그리고 한국 민간인들의 죽음과 그에 수반되는 고통을 포착한 버크-화이트의 시각도 상당히 특징적이다. 그럼에도 사진들의 배치는 수난당하는 그래서 구원해야 하는 비참한 한국인 재현이 강조되고 있다. 그리고 이러한 한국인을 구원하기 위해 그 어떤 고통과 희생을 감수하더라도 한국의 자유 수호를 위해 희생해야 하는 영웅으로서의 미군 이미지가 부각되고 있다. 물론 미군의 고통과 희생을 드러낸다는 점에서 '반전' 여론이 자극될 여지도 많았지만, 동시에 미국과 유엔의 전쟁 참전에 대한 정당성을 호소할 수 있었다는 점에서 이 민간 전쟁사진가들의 시각은 '양날의 칼' 같은 성격이 있었다고 볼 수 있다.

가장 근래에 출간된 민간인 사진가의 사진집은 아마도 일본에서 근무하던 인터내셔널 뉴스 서비스(INS)의 직원이었던 리치의 『컬러로 보는 한국전쟁』(2010)일 것이다. 그는 6·25 전쟁이 발발하기 몇 달 전에 일본에서 『라이프』 기자들과 함께 니콘사를 방문하여 통역해 준 대가로 니콘 카메라를 선물로 받았는데, 『라이프』의 마이던스가 사진 찍는 방법을 알려 주었고, 한국전쟁이 발발하자 곧 한국에 파견되어 니콘 카메라로 사진을 찍었다. 그는 1950년 12월 INS에서 NBC로 소속을 옮기면서 3년간 한국전쟁사진을 계속 찍었다. 그의 회고에 따르면 당시 사진기자들은 모두 흑백 필름을 사용했는데, 자신만이 컬러필름을 사용하였고, 자신이 찍은 사진들을 미국 로체스터 코닥 본사로 보내 현상한 후, 이 슬라이드를 받아서 작은 상자에 담아 밀봉해 두었다고 한다. 50여 년이 지난 후 이를 개봉하였을 때 색상이 생생하게 남아 있는 사진들을 재발견했고, 이를 한국에서 출판하게 되었다.

리치의 사진집에 실려 있는 사진들을 아마도 현재까지 남아 있는 것 중에서 가장 선명하고 뚜렷한 컬러사진들일 뿐 아니라 매우 다양한 대상들을 찍어서 자료로서의 가치가 높다. 이 사진들은 '기억 속의 얼굴들', '폐허의 그늘', '사선(射線)에서', '전쟁과 무기', '전쟁 속의 일상', '지난했던 휴전협상' 등의 소주제들로 나뉘어 배치되어 있다. 특히 1953년 4월 20일 이루어진 부상포로 교환장의 장면, 그리고 개성에서 판문점으로 옮겨 회담이 시작될 때 공산 측 사진기자와 유엔 측 사진기자들이 처음 만나던 장면을 찍은 사진이 특별하다. 그는 중국 측 기자였던 추지핑을 기억했는데, 그의 회고에 따르면, 추지핑을 통하여 북한에 포로가 되어 있던 미군들과 연결이 되었고, 이들에 관한 사진들이 AP통신으로 전달될 수 있었다(리치, 2010: 231).

3) 중국의 시각

한국전쟁 관련 사진집은 중요한 전쟁 당사자 중국에서도 출판되었다. 한국전쟁이 휴전 상태로 들어간 후, 중국인민지원군은 곧바로 중국으로 귀환하지 않고, 북한의 전후 재건사업에 동원되었다가 1958년에 중국으로 귀환했다. 이듬해인 1959년 해방군화보사에서 처음으로 사진집이 출판된 이래, 1990년에는 『항미원조전쟁 화권(抗美援朝戰爭 畵券)』이라는 명칭의

사진 5-10 『영광스러운 중국인민지원군』 한국판의 표지

만화집이, 전쟁 50주년이었던 2000년에는 동일한 명칭의 사진집과 『응고적 역사순간(凝固的歷史瞬間)』이라는 사진집이 출판되었다. 2010년에는 사천대학출판사에서 『항미원조 진장도편집(抗美援朝 珍藏圖片集)』을 출판하였는데, 여기에는 과거의 전쟁사진뿐만 아니라 전쟁에 참전했던 사람들의 최근의 모습을 담았다. 이 사진집에 실려 있는 사진들 일부는 사진을 찍었던 사람들에 대한 정보가 포함되어 있다.

한국전쟁에 참전한 중국군의 시각은 중국 해방군화보사에서 1959년에 발간한 사진집 『영광스러운 중국인민지원군(光榮的中國人民志愿軍)』에 잘 나타나 있다.[17] 이 사진집은 1950년 중국인민지원군 모집과정에서부터 한국전쟁에 자발적으로 참여하여 활동하는 장면, 그리고 휴전 후 북한 재건

17 한국에서는 눈빛출판사에서 『그들이 본 한국전쟁 1: 항미원조-중국인민지원군』(2005)으로 출판되었다.

에 참여하는 장면, 1958년 중국으로 귀환하기까지의 장면을 담은 연대기적 활동보고서의 성격을 지닌다.

이 사진집은 중국의 항미원조 '운동'의 성과로서의 젊은 청년들의 앞다투는 자발적 지원, 즉 '인민지원군'이라는 성격을 부각시킨다. 항미원조(抗美援朝)라는 이념적 구호와 대중동원을 통하여 중국군의 한국전쟁 참전의 정당성을 강조하고 있는 것이다. 이 사진집은 미군의 정의롭지 못한 행동, 예컨대 미군의 공중폭격, 민간인 학살, 세균탄 투하, 정전협정 위반 등과 관련한 사진들을 다수 배치하고 있다. 또한 장진호에서 후퇴하는 미 해병을 찍은 덩컨의 사진도 포함되어 있다. 미국의 시각에서 이 사진은 자유수호를 위한 미군의 고통과 희생으로 재현되었음에 반해, 중국의 시각에서는 중국군의 참전에 따라 패배와 후퇴를 거듭하는 미군을 보여 주기 위해 효과적인 사진이었던 것이다. 중국군은 이 시기의 미군을 '종이호랑이'로 표현함으로써 당시 중국인들이 갖고 있던 미국에 대한 이미지, 즉, '숭미(崇美)'와 '공미(恐美)'적 태도를 불식시키려고 하였다. 덩컨이 찍은 이 사진은 이 사진집에서 유일하게 사진 생산 주체가 명기된 사진이다. 김상미가 논의했듯이, 덩컨은 자신의 사진집에서 연작의 다큐멘터리 형태로 실으면서 '고통 속에서 자유 수호의 성전을 위한 영웅'의 모습을 재현했지만, 이 사진집에서 덩컨의 사진은 무기력하고 사기가 저하되어 있는 나약한 적군의 모습을 보여 주는 것으로 의미화되었다(김상미, 2010b: 451).

이 사진집은 중국과 북한과의 우정 또는 '혈맹관계'를 특별히 강조하고 있다. 이들의 우정은 국가 간 관계뿐만 아니라 군민관계를 가로지르는 것이다.[18] 전쟁의 이면인 고통, 부상, 죽음, 파괴와 같은 부정적인 이미지는 거의 없다. 예컨대 전쟁으로 인한 파괴가 있더라도 재건에 투입되어 경제

---

18 중국군이 북한과의 국경선인 압록강을 건너기 전에 북한을 바라보는 시선은 이런 맥락에서 이해될 수도 있겠지만, 다른 의미로도 읽혀지지 않을까? 현재 단둥 압록강철교를 바라보는 한국전쟁 기념물 팽덕회의 인민지원군의 시선을 어떻게 해석해야 할까? 당시 압록강을 건넌 것은 '우정'과 혈맹을 표상했지만, 현재는 어떻게 의미화될 수 있을 것인가?

회복을 돕는 모습을 보여 준다. 정전, 휴전을 경축하는 모습을 찍은 사진도 인상적이다. 정전에 대한 환호와 박수, 열광하는 인민의 이미지는 사실적이라기보다는 선전전의 시각도 엿보인다. 이는 휴전 반대만을 포착하는 한국의 시각과 대조적일 뿐만 아니라, 휴전의 핵심은 곧 포로 교환이었던 미국의 시각과도 차별적이다.

이 사진집도 중국의 국민국가적 시각에서 구성되었기 때문에 사진을 찍은 주체는 밝혀져 있지 않다. 또한 당시 중국인민지원군으로 참전을 했다가 중국으로의 귀환을 거부하고 대만으로 돌아간 포로들에 대해서는 전혀 언급하지 않았다.[19] 우리의 입장에서 더 중요한 것은 이 사진집이 2005년에 한국어로 번역되어 한국에서 출판되고 많은 독자가 읽었다는 점이다. 눈빛출판사는 이 책을 『그들이 본 한국전쟁 1』로 명명하여 출판하였다. 이 사진집의 한국어 출판은 몇 가지 점에서 중요한 의미를 지닌다.

첫째, 이 책의 편집자는 과거에 중국에서 출간된 사진집을 한국에서 출간하는 과정에서 사진의 선정과 배열, 편집, 사진설명 등은 원자료에 충실하게 했으며, 그 때문에 "잘못하면 편향된 시각에 노출될 위험이 있다"는 점을 지적하였다. 그리고 이 책이 한국에서 출간될 수 있었던 것은 "우리 사회가 그만큼 민주화되고, 독자들이 어느 한 관점에서 일방적으로 휘둘리지 않을 만큼 성숙했다는 자신감"이 있기 때문이라고 썼다. 비록 민주정부라 하더라도 국가보안법이 살아 있는 상황에서 전쟁 당사국이었던 중국의 입장을 그대로 전달하는 것에 대한 부담감을 편집자가 느끼고 있음을 알 수 있다.

둘째, 동아시아의 탈냉전과 전쟁기억의 재구성에서 국민국가를 넘어서는 텍스트의 인정과 이를 통한 '과거'에 대한 객관적 이해, 그리고 '적대적 관점'에 대한 객관적 이해를 증진시키고 있다는 점이다. 한국전쟁 사진들

---

19 대만으로 간 중국군 반공 포로에 관해서는 周琇環 編(2005) 참조.

은 전선으로 양분된 지역에서 상대방 진영을 투사하는 방식으로 생산되었으므로, 명백히 시각과 사각이 구분된다. 인식 주체에서 보면 '상대방에게 비춰진 나'나 '그들 내부'는 일종의 사각에 속하여 정확한 모습을 알 수 없다. 사각이 클수록 상대방에 대한 공포와 불안이 커진다. 이들이 주로 상대방에 대한 무지로부터 발생했다면, 관점의 교차를 통해 이해로 바꾸어 나갈 것을 기대한다.

셋째, 이런 관점의 교차를 통해 동아시아 냉전체제가 가진 문제점들에 대한 성찰이 가능해진다. 1992년의 한중수교 이후 한국과 중국의 경제교류는 매우 급속하게 대규모로 증가되었으며, 최근에는 '전략적 동반자 관계'로 발전하고 있다. 전후의 동북아 국제관계사를 돌이켜 볼 때, 한중관계는 동북아의 적대와 완화를 반영하는 척도라고 할 수 있다. 중국의 한국전쟁에 관한 중국 측 연구는 크게 진전되었으나(주젠룽, 2005; 沈志華, 1995; 沈志華, 1999), 대중적 기억은 여전히 정치의 논리에 묶여 있고, 마음속으로부터 우러나오는 친밀감 생성은 그보다 더 해결하기 어려운 영역에 놓여 있다. 한국전쟁 개입에 대한 기존의 정치적 정당화 방식을 스스로 부정해야 하기 때문이다.

넷째, 한국전쟁을 바라보는 시각에서 '우리'와 '그들'의 범주가 많이 달라졌다. 한국전쟁을 바라보는 미국인들의 시각은 '우리'에서 벗어나 '그들'의 일부가 되었고, 우리가 직접 볼 수 없었던 중국인들의 시각을 보여 주는 사진집을 직접 볼 수 있게 되었으며, 이를 통해 '그들'은 서로 이질적이면서 복합적인 범주가 되었다.

이 책이 출판된 이후, 중국에서는 산발적으로 중국인민지원군의 항미원조전쟁 관련 사진에 관한 연구들이 진행되었고, 또 몇몇 사진집이 출판되었다. 가오추(高初)는 최근에 항미원조 관련 사진에 관한 종합적인 자료수집과 함께 중국의 전쟁사진집을 출판하였다(高初·晋永權, 2015). 그의 연구에 따르면(高初, 2014), 중국의 전쟁사진은 1930년대 연안시기부터 발전했다. 사진가들은 항일전쟁과 내전(혁명전쟁)을 거쳐 항미원조전쟁까지 지속적으로 종군하면서 활동한 사례가 많다. 이들은 선전원이면서 사진예술가를 겸하는 이중적 정체성을 가지고 있었다. 이들은 대부분 사회주의적 현실주의의 촬영미학을 배우고 실천했다. 또한 전쟁종군 사진기자들은 전쟁정의를 표현할 것을 주문받았다.

항미원조전쟁에 참여했던 사진가들을 간단히 소개하면 다음과 같다. 후바오위(胡寶玉, 1929~)는 1948년 『뤼다일보(旅大日報)』를 거쳐 동북 영화촬영 훈련반에 들어갔고, 1949년 군사기자생활을 시작하였으며, 항미원조전쟁에서 지원군을 따라 북한에 들어가 3년간 활동했는데, 1951년 1월 4일의 서울함락광경, 한강 방어전, 서해안 도서 전투, 상감령 전투의 사진을 찍었다. 그는 1951년 1월, 중국인민지원군이 서울에 진입하여 수색하는 장면을 찍었다. 그는 제대 후 1954년에 해방군화보사의 기자로 임명되었다. 그는 〈따구창샹(打谷場上)〉이라는 작품으로 1961년 베를린 국제사진전에서 금상을 받았다. 쉬즈청(胥志成, 1929~)은 1945년 팔로군에 참여한 후 1948년부터 사진을 찍었고, 1948년 동북야전군 8대 22사에서 촬영병으로 임명되었다. 동북화보사 촬영훈련반에서 학습하였고, 1952년 항미원조전쟁에 참가하였다. 1956년 제대한 후 신화사 촬영부 기자로 활동하였다. 스판치(時盤棋, 1932~)는 1948년 입대하였고, 1949년 촬영을 시작하였는데, 제2야전군 정치부, 3병단, 천동군구, 서남군구 사진기자를 거쳐 1953년 북한에 들어가 3병단 촬영조장을 하였다. 1955년 제대 후 신화사에 들어갔다. 위안루쉰(袁汝遜, 1928~)은 1945년 팔로군에 참여한 후 촬영반 학습을 하였다. 1951년 항미원조전쟁에 참전하여 1955년 제대 후, 신화사의 사진반 기자가 되었다. 양전야(楊振亞)는 1950년 11월 8일, 압록강 대안인 북한에서 폭격으로 연기가 피어오르는 장면을 찍었다. 그의 인적 사항은 밝혀져 있지 않다.

혁명전쟁기 중국에 대한 촬영에서 특기할 만한 것은 국민당 출신 사진가들과 서방 촬영자도 존재했다는 것이다. 1951년 5월 임진강을 건너 암벽을 타고 감악산 고지에 오르는 장면을 찍었으며, 1952년에는 마량산에서 지원군 보병이 호를 파고 대기하는 장면을 찍었다. 또한 1952년 지원군 병사들이 북한의 한 노인을 도와 추수를 돕는 장면을 찍기도 했다.

가오추가 정리한 글에 언급되지 않은 사진가들도 많이 있다. 멍자오루이(孟昭瑞)라는 사진작가도 항미원조전쟁에 참가하였다. 그의 사진집은 2015년에 출판되었다.[20] 홍콩의 항미원조전쟁 연구자인 창청(常成)은 중국의 항미원조전쟁 사진들은 매우 정통주의적이라는 점을 강조했다. 중국에서는 여전히 항미원조전쟁과 관련한 사진들에 대한 연구와 사진집 출간은 정치적으로 민감한 영역에 속한다.

4) 북한의 시각

한국전쟁 관련 사진집을 논의하면서 북한에서 출판된 사진집에 대한 언급을 하지 않을 수 없다. 중국의 한국전쟁이 '항미원조전쟁'이듯이 북한에서 한국전쟁은 '조국해방전쟁'으로 명명되었고, 이를 기념하는 문화적 장치는 1953년 8월에 평양에서 설립된 조국해방전쟁기념관이다. 이 기념관은 정전이 이루어지기 전인 1953년 3월에 김일성의 지시로 설립이 준비되기 시작했다. 아마 이때부터 북한 측 종군기자나 사진병들이 찍은 사진들도 수집되었을 것으로 추측된다.

이 기념관은 1974년 '조국해방전쟁승리기념관'이라는 이름으로 이전 확장되었다. 이때부터 북한은 더욱 분명하게 한국전쟁의 승리사관을 강조하기 시작했다. 전쟁사 서술에서 중국 인민지원군의 참전과 협력에 대한 기술을 전쟁 중이나 종전 직후에는 많이 하였지만, 이때부터는 이에 대한 서술을 간략하게 하면서 김일성의 지도력이 강조되었다. 흥미롭게도 북한은 한국전쟁에 관한 종합적인 사진집을 출판하지 않았다. 아마도 전쟁에

---

20 이 사진집을 홍콩과학기술대학의 常成 교수가 제공해 주었다. 이 사진집이 출판될 무렵, 맹소서가 사망하였다. 孟昭瑞(2015) 참조.

대한 평가가 그만큼 어렵고 정치적으로 민감한 것이어서 사진집을 출판할 경우 발생할 위험을 회피했기 때문인지도 모른다.

누가 찍었는지 알 수 없지만 북한 측 사진병들이 찍은 사진 중에서 가장 자주 이용되는 사진은 주로 전쟁 초기에 서울을 점령했던 광경이나 대전전투에서의 승리 모습, 그리고 탱크와 기동부대의 모습을 담은 것들이다.

흥미롭게도 북한 측에서 찍은 사진들은 소련 해체와 함께 자료가 개방된 헝가리에서 발굴되었다. 스프링어(C. Springer)가 북한 중앙통신사(KCNA)에서 헝가리로 보냈던 전쟁 관련 사진들을 정리하여 『시간에 사로잡힌 북한(*North Korea Caught in Time*)』이라는 사진집을 2009년에 출판했다. 이 사진집에 실려 있는 사진들은 부다페스트의 국립박물관과 군사박물관에 소장되어 있던 것으로, 1990년 처음 공개된 것들이다. 스프링어는 사진집의 앞부분에 남한의 종군사진기자와 북한의 사진병이 휴전회담 때 만나 같이 찍은 사진을 배치하고 있다. 이 사진집은 전쟁 및 폭격에 의해 폐허가 된 거리 모습, 그리고 사회주의 형제국들의 지원으로 재건되는 모습을 담은 것이다.

스프링어는 이 책에서 북한의 공식 사진들은 모두 정치적 목적에 종속된 것으로 이 사진들 또한 당시 북한이 전쟁으로 인해 파괴된 모습을 강조함으로써 '사회주의 형제국들'의 지원을 좀 더 끌어내려는 목적을 가진 것들로 보고 있다. 그는 북한의 공식사진들은 특정 시간과 장소를 기록하는 이미지일 뿐 아니라 선전용 장치라는 점을 강조하고, 역설적으로 시간이 지나 정치적 맥락이 달라지면 이 사진들의 일부가 지워지거나 제거된다는 점을 주목해야 한다고 본다. 예컨대 스탈린에 감사하는 북한 여학생의 모습을 담은 사진은 스탈린 사후에 사라졌고, 또 이후에는 더 이상 출판되지 않아서 현재는 찾을 수 없다. 북한을 포함하여 사회주의권에서는 특정 인물에 대한 숙청이 이루어지거나 현저한 재평가의 대상이 되면, 그와 관련된 사진 또한 사라지고 그가 포함된 사진들은 종종 변조되기도 한다.

스프링어의 사진집이 헝가리의 역사박물관 소장 사진들에 기초하고 있다면, 과거 동독의 시각과 경험이 짙게 배어 있는 사진집은 최근 출판된 『신동삼 컬렉션』(2013)이다. 이 사진집은 한국전쟁 직후 북한의 함흥 재건사업(Frank, 1996)을 지원했던 동독의 지원단이 찍은 북한사회의 모습을 담은 사진들을 신동삼이 모아 출판한 것으로, 이 사진들은 북한 당국의 시각이라기보다는 좀더 제3자적인 시각을 담고 있다. 신동삼은 1952년 동독으로 파견된 북한 출신 유학생으로, 1955년 함흥 재건사업의 통역관으로 활동한 경험을 담아 이 사진집을 편찬했다. 이 사진집은 전후 북한사회의 풍경을 잘 보여 주고 있는데, 유감스럽게도 구체적으로 누가, 언제 사진을 찍었다는 정보를 담고 있지 않다.

3. 이분법을 넘어설 수 있는가?

전쟁사진을 관통하고 있는 이분법은 '우리와 적들'이라는 범주이고, 여기에서 '우리'는 좁게는 대한민국을, 넓게는 국군과 미군을 포함한 유엔군이다. 이런 이분법은 사진을 생산하는 시점뿐만 아니라 사진을 재생산하는, 좀 더 쉽게 말하면 개별적인 사진들을 모아서 사진집으로 묶어 내는 시점에서도 작동한다. 전쟁이 지속되는 국면에서 이 사진들은 심리전의 자료로 이용되며, 전쟁이 종식된 후 냉전의 상황에서도 '우리와 적들'이라는 이분법이 사진집의 편찬에서 관철된다. 그렇다면 탈냉전과 화해가 강조되는 상황에서 과거의 시각을 담은 사진들은 어떻게 해석되며 활용되는가?

2000년 6월 한국의 김대중 대통령은 북한을 방문하여 역사적인 남북정상회담을 함으로써 남북한의 탈냉전화가 본격적으로 시작되었다. 이 무렵 한국전쟁을 바라보는 시각도 확실히 달라졌다. 예컨대 김동춘은 자신의 책에서 한국전쟁을 피란, 점령, 학살이라는 세 가지 키워드로 보는 시각을 제시하였다(김동춘, 2000). 이런 관점의 변화는 이후의 한국전쟁 사진집에서도 나타난다. 박도의 일련의 사진집이 바로 그러하다(박도, 2004; 2006).

박도는 1949년 6월 발생한 김구의 암살사건에 얽힌 정보를 얻기 위하여 2004년에 미국 국립문서기록관리청에 갔다가 한국전쟁에 관한 사진들을 접하고 충격을 받았다. 여기에서 480여 장의 사진을 스캔하여 귀국한 후 이를 인터넷 매체 〈오마이뉴스〉에 공개하였고, 2004년 6월 『지울 수 없는 이미지』라는 사진집을 냈다. 이 사진집은 전쟁의 시간적 순서에 따라 사진을 배열하지 않고, 주제별 · 대상별로 구분하고 있다. 각 장의 소제목을 살펴보면, '1945~1949', '미군과 유엔군', '국방군과 인민군', '전화에 휩싸인 한반도', '학살', '피란민과 전쟁고아', '포로', '정전회담과 휴전' 등이다. 이 사진집에는 이전에 볼 수 없었던 사진들도 많이 포함되어 있어 대중적 반응이 매우 컸다. 그는 2005년에 다시 미국에 가서 770장의 사진을 수집하여 2006년에 동일한 제목의 사진집 후속편을 출간하였다. 이 책은 소제목의 구분 없이 '전쟁에 신음하는 사람들'로 묶었다. 이 사진집과 함께 그는 자신이 수집한 사진 중에서 가장 충격적인 사진들 100장을 선택하여 『나를 울린 한국전쟁 100장면』이라는 제목으로 사진집을 출간하였다.

역사관에 따라 다르게 평가할 수 있으나 우리는 이 사진집에 실린 사진을 바라보는 시각과 선택의 기준들이 최근에 한국 사회에서 변화하는 한국전쟁 기억을 보여 주는 지표로 간주될 수 있다고 생각한다. 이 사진집은 어떤 기준으로 사진들을 선택하였는지 밝히지 않았으므로, 이를 조금 자세히 분석할 필요가 있다. 이 책은 1~7부로 구분되어 있는데, 각 부분에는 별도의 소제목을 붙이지 않았으므로, 구분 기준과 각 부분에 대한 의미를 해석해야 한다.

이 책의 첫머리에는 미군의 네이팜탄으로 부상당한 여인들의 모습을 찍은 사진과 지뢰를 밟아서 찢어진 군화를 찍은 사진이 실려 있다. 1부는 1945년 9월 미군이 인천에 들어온 사진과 38선을 넘기 위하여 경계에 도달한 가족사진 3장이 실려 있다. 2부는 전투하는 군인들의 모습을 담은 사진 18장이 실려 있다. 흥미로운 것은 여기에는 미군과 한국군, 그리고 중공군의 돌진 모습이 실려 있다는 점이다. 중공군 돌진 모습을 담은 사진은

1959년 중국군 사진집에 실려 있는 것과 동일한 것이나, 한 사진집에 서로 다른 시각에서 찍은 적대하는 군인들의 사진을 같이 실었다는 점이 특기할 만하다. 3부는 포로 관련 사진 18장이 실려 있다. 포로를 생포하거나 심문하는 장면, 수용되어 있거나 정치적으로 동원되는 장면들이다. 4부는 민간인 학살에 관한 연속사진 15장이 실려 있다. 한국전쟁 발발 전인 1950년 4월 정치범을 총살하는 장면, 7월에 발생한 대전형무소 수형자의 처형 장면, 수많은 중공군 시신을 담은 장면, 유엔군 북진시 함흥에서 인민군에 의해 학살된 시신들의 발굴 장면, 학살된 자의 유족 사진들이다. 5부는 전쟁 밖에 있던 주민과 관련된 사진 33장이 실려 있는데, 전쟁고아나 시골 노인, 또는 가장을 잃은 모자, 피란민, 그리고 고난 속에서도 웃음을 띤 어린이의 모습이 담겨 있다. 6부는 미군의 무기와 폭격으로 인한 폐허를 담은 사진 7장이 실려 있다.

이 사진집은 전쟁기억의 초점이 군인으로부터 일반 시민의 모습으로 옮겨가고, 주제별로 보면, 포로, 학살, 폐허 속의 희망 등이 새로운 의제가 되고 있음을 보여 준다. 아울러 이념적 분단을 넘어서서 국가폭력에 자신의 몸을 드러내야 했던 인간의 모습을 부각시키고, '국민'보다는 '시민' 또는 '개인'을 새롭게 주목하고 있다는 점이 두드러진다.

2000년 이후에 출간된 한국전쟁 사진집이 새로운 성찰을 향한 것만 있는 것은 아니다. 한국의 상황을 여전히 국민국가의 차원에서 바라보고, 과거의 경험이 희석되는 것을 염려하는 관점도 강력하게 남아 있다. 1998년부터 2007년까지의 이른바 '민주정부'하에서 진행되고 있던 탈냉전과 전쟁기억의 재구성 경향에 대하여 비판적 시각이 없었던 것은 아니며, 이런 관점은 '진보개혁주의와 온건한 중도보수의 화합과 상생' 또는 '과거의 경험 존중론'으로 나타나거나 더욱 뚜렷하게 '뉴라이트'를 표방하는 조직으로 나타났다.

2000년에 출간된 노병천(2000)의 사진집이나 2005년에 출간된 길광준(2005)의 사진집은 공식기억의 끈질김을 잘 보여 주는 사례에 속한다. 이들은 '군인 중심적' 시각에 서서, 전자는 한국전쟁이 '잊혀진 전쟁이 되지 않기를' 바라는 마음으로, 후자는 '진실에 대한 갈증'이라는 맥락에서 사진집을 출판했다.

길광준은 약 1,600장의 사진과 사진으로 설명되지 않는 당시 연합군의 작전 및 상황 요도(要圖)를 묶어서 사진집을 출간했는데, 서문에서 그는 "남과 북이 대치하고 있는 상황에서 한국전쟁에 대한 말하기 쉽지 않은 예민한 진실들이 존재하고 이를 글로 쓰기에는 아직 이른 감이 있기에" 사진집으로 대신 말한다고 썼다. 이처럼 사진집은 때때로 의견과 입장에 대한 완곡하고 간접적인 표현수단이 되기도 한다. 그의 사진집은 '폭풍전야', '낙동강전선', '인천상륙과 서울수복', '북진과 중공군의 반격', '되돌아온 38선', '한국전쟁 이후'라는 6개 부분으로 구성되어 있으며, 예전의 공식적 사진집보다 1951년 이후의 사진들이 많이 포함된 것이 특징이다. 그는 한국전쟁 통사를 보여 주기 위하여 한국전쟁 사진을 망라하려고 했으므로, 이 사진집에 실려 있는 사진들은 출처가 매우 다양하며, 그 때문에 사진집으로서의 뚜렷한 개성이 드러나지 않는 약점이 있다.

'전쟁사진이 평화를 증진하는 데 사용될 수 있는가' 또는 '평화를 증진하기 위하여 전쟁사진을 어떻게 활용해야 하는가'라는 질문은 전쟁사진 연구의 마지막 지점에서 출현하는 도전적 과제이다. 전쟁사진은 일반적으로 삶과 죽음을 결정하는 전투와 그것을 담보하는 무기들을 담고 있지만, 동시에 전쟁사진에는 인간성과 평화가 구체적인 대상으로, 또는 가상적 염원으로 재현되어 있다. 대부분 전쟁사진은 이중적 메시지를 담고 있어서 이를 '적대적 기억'의 재생산을 위하여 활용할 것인가 아니면 화해와 평화를 증진시키기 위하여 활용할 것인가는 해석과 배치의 문제라고 할 수 있다.

사실 인간성, 또는 인간적 존엄성을 고양시키고 평화의 메시지를 발신하기 위하여 전쟁사진을 활용하려는 노력은 그리 오래된 것은 아니다. 이런 사례로 우리는 국제적십자사에서 출간한 사진집(2009)을 들 수 있다.

이 사진집은 『전쟁에서의 휴머니티』라는 제목으로, 1860년대의 미국 남북전쟁에서부터 현대까지의 전쟁에서 나타나는 부상병이나 사망자, 폐허, 그 밖의 여러 가지 인간적 고통을 보여 주는 사진들을 차례로 보여 주고 있다. 이 사진집에는 한국전쟁에 관련된 사진이 한 장 포함되어 있는데, 그것은 1950년 10월, 국군이 평양을 점령했을 때 포로로 잡은 북한군을 헌병들이 심문하는 장면이다.

나오며

집합기억은 개인적 기억의 합이 아니고 역사적 증거들의 집합도 아니며, 상징적 이미지에 의해 매개되고 사회적으로 구성된 기억이다. 집합기억의 사회적 구성에는 정치적 주도권이 작동하며, 이를 통해 특정 기억은 잊히고 특정 기억은 지속해서 상기됨으로써 집단의 정체성으로 전환된다. 국민적 기억은 근대 국민국가의 형성 과정에서 필수적인 요소이며, 근래에는 정치 및 사회의 민주화와 함께 국민적 기억과 탈국민적 기억 간의 경쟁이 가속화되고 있다. 2000년을 계기로 한국전쟁의 공식기억은 '균열과 위기'를 겪고 있으나, 한국 사회의 내부에서, 그리고 국제 간에 심리전의 연장선상에서 전개되고 있는 일종의 '기억전쟁'은 종식되지 않았다.

집합기억을 구성하는 기초로서의 사진은 그 속에 담겨진 '현존'을 보여주면서 동시에 그와 대척점에 있는 '부재'를 생각하도록 한다. 사진집의 사진도 편집자의 의도대로 그 의미가 독자들에게 전달되는 것은 아니다. 사진집의 의도가 명백한 것일수록 그 효과는 복합적일 수밖에 없다. 민주화의 진전과 함께 시민의식이 높아질수록 성찰적 시선 또한 발전하기 때문이다.

여기에서 우리는 주로 미국의 '시각'이 반영된 미군 사진병이 찍은 사진을 중심으로 살펴보았기 때문에 미국의 '사각'에 대한 고려를 하지 않을 수 없다. 미국의 사각을 보완할 수 있는 다른 시각의 사진들에 대한 연구가 필요하다. 대체로 한국전쟁에서 적대적 관계에 있던 중국과 북한의 시각이 미국의 사각에 대응하며, 이에 대한 본격적인 분석이 필요할 것이다. 이런 맥락에서 이 책에서는 '그들'이라는 시각 차원에서 중국에서 출간된 한국전쟁 사진집의 시각을 다루었다. 중국 해방군화보사가 집성한 이 사진들은 중국인민지원군 군속사진가들이 찍은 것으로 보인다. 그러나 중국 당안관이나 군 관계 사진 아카이브(Archive)가 거의 개방되지 않은 상황에서, 또한 중국군 사진대의 조직, 성원, 임무, 활동 등에 대한 연구가 거의 전혀 없는 실정에서 중국의 한국전쟁 사진과 시각을 본격적으로 연구하기에는 커다란 제약이 있다. 같은 이유로 북한이 찍은 한국전쟁 사진들도 다루지 못했으며, 접근하기조차 어려웠다. 다만 이 책에서 다룬 미군 포로들이 평양 시가지를 행진하는 모습과 휴식을 취하는 모습을 찍은 사진은 북한 측 선전대 사진가가 찍은 것을 활용할 수 있었다. 이렇게 미군이 북한 지역을 점령해 가면서 노획한 (북한군이 생산한) 사진들에 대해서는 어느 정도 접근이 가능하다. 또한 공산계열의 언론, 특히 동유럽 공산국가에서 발행되는 신문 · 잡지에 실린 한국전쟁 사진들 가운데에는 북한과 중국의 군속사진가들이 찍은 사진들이 다수 발견된다. 이러한 방식으로 단기적으로는 그들의 시각 분석을 어느 정도 보완할 수 있을 것이다. 그러나 궁극적으로는 중국과 북한의 전쟁사진 아카이브가 개방되어야 이 문제가 완전히 해소될 것이다.

무엇보다 한국의 군과 민간에서 찍은 사진들이 더 발굴되고 연구될 필요가 있다. 그동안 유통 · 소비되어 온 한국전쟁 사진들의 대부분은 미국(미군)이 생산한 것이며, 한국은 이를 통해 미군의 시각을 '우리'의 시각으로 내면화해 왔다. 최근에 들어서야 미군의 시각을 '우리가 본' 것과 다른 '그들'의 것으로 구별하려는 시도가 징후적으로 나타나고 있지만, 그 역시 구체적인 내용으로 들어가 보면 아직도 미군이 찍은 한국전쟁 사진 활용에서 완전히 자유롭지 못하다. 이 책에서는 이를 의식하고 '우리'의 시각이라는 차원에서 한국에서 출간된 한국전쟁 사진집의 시각을 다루면서 국내신문의 보도사진 일부와 국방부 정훈국 사진대(임인식, 이경모 등)가 찍은 사진을 보완적으로 다루어 보았지만, 본격적으로 나아가지는 못한 채 앞으로의 과제로 남겨 두었다.

이와 같이 사진과 그 집성을 통해서 본 한국전쟁의 기억은 분절화되었고, 과거에 '적'의 시각에서 생산된 사진들도 제한적이나마 볼 수 있게 되었으며, '우리'라는 관점도 복잡해졌다. 이를 통해 관점의 교환이 이루어지고 있다. 관점의 교환은 한편으로는 그들의 관점을 이해하여 우리의 약점을 보완하도록 하지만 동시에 전쟁 자체를 넘어 평화를 더욱 적극적으로 상상하게 한다.

한국전쟁 60주년을 맞이한 2010년, 경기도와 경기문화재단은 지금까지의 한국전쟁 사진들을 모아 종합 사진집 『1950 0625 한국전쟁 사진집』을 간행했고, 눈빛출판사도 미국 국립문서기록관리청 사진을 활용해 『한국전쟁 II』를 출판하였다. 이들을 통해 한국전쟁의 기억을 담은 사진들이 종합되고 있지만, 이런 종합이 화해의 결실은 아니다. 육군 사관학교 육군박물관과 청계천문화관은 "보이지 않는 전쟁, 삐라" 특별전을 마련했는데, 이는 전쟁 발발 60년이 지나서야 비로소 심리전에 대한 객관적 거리 확보가 가능해지고 있음을 알려 준다.

앞으로의 동아시아의 평화적이고 공생 발전하는 미래를 위해 전쟁기억을 어떻게 재현하고 전시할 것인가는 중요한 과제지만, 유감스럽게도 전쟁기억의 문화정치는 여전히 긴장과 갈등의 영역 속에 남아 있는 듯하다. 한국전쟁의 기억 문제는 단지 한국 내의 진보 대 보수의 대립과 갈등의 영역 속에 있는 것이 아니라, 전쟁에 참여한 국가 간에 존재하는 경쟁과 갈등의 영역 속에도 존재한다. 한국전쟁이 만들어 낸 국내외 질서가 근본적으로 바뀌지 않았을 뿐만 아니라, 이를 해결하고 평화적인 방향으로 갈 것인가, 아니면 냉전적 안보와 발전 전략을 유지할 것인가는 여전히 유동적이기 때문이다.

동아시아의 평화나 공동체적 인식을 강화하기 위해서는 한국 사회 내부는 물론이고 동아시아 전체를 시야에 넣고 서로의 전쟁기억 재생산장치들을 비교 · 검토하는 작업이 필요하다. '과거'에 대한 관점의 교환은 학문적 영역뿐만 아니라 대중적 기억의 영역에서도 좀 더 진전되어야 한다.

참고문헌

강성현, 2010, 「한국전쟁기 한국정부와 유엔군의 피난민 인식과 정책」, 『전장과 사람들』, 선인.

______, 2013, 「'아카'(アカ)와 '빨갱이'의 탄생」, 『사회와 역사』 통권 제100호.

강인철, 2000, 「전쟁의 기억, 기억의 전쟁」, 『창작과 비평』 여름호.

경우장학회, 1985, 『사진으로 보는 수난의 민족사: 6·25의 증언』, 한국언론인동우회.

국방부 정훈국, 1956, 『정훈대계』 I · II, 국방부.

길광준, 2005, 『사진으로 읽는 한국전쟁』, 예영커뮤니케이션.

김동춘, 2000, 『전쟁과 사회』, 돌베개.

김득중, 2011, 「한국전쟁기 미군과 국군의 역사편찬 활동」, 〈한국연구재단 기초연구과제지원 제3차년도 학술발표회: 미국자료로 본 한국전쟁의 재해석〉, 2011. 6. 4., 성균관대학교.

김복록 외, 1995, 『영광의 50년』, 평양: 조선화보사.

김상미, 2010a, 「한국전쟁과 분단이미지의 기원과 재생산」, 성균관대학교 박사논문.

______, 2010b, 「한국전쟁기 한국사진가의 사진사적 위상」, 『순천향 인문과학논총』 제27권.

김석원, 1977, 『노병의 한』, 육법사.

김성보 · 기광서 · 이신철, 2004, 『사진과 그림으로 보는 북한 현대사』, 웅진지식하우스.

김성칠, 1994, 『역사 앞에서』, 창비.

김윤정, 2009, 「다큐멘터리로서의 한국전쟁 사진」, 서울대학교 석사논문.

김창완, 2011, 「이경모 선생의 기록사진에 관한 연구: 『격동기의 현장』 중심으로」, 동신대학교 석사논문.

김태우, 2013, 『폭격: 미공군의 공중폭격 기록으로 읽는 한국전쟁』, 창비.

김학재, 2010, 「한국전쟁과 '인도주의적 구원'의 신화」, 『전장과 사람들: 주한유엔민간원조사령부(UNCACK) 자료로 본 한국전쟁의 일상』, 선인.

김형곤, 2006, 「한국전쟁의 공식기억과 전쟁사진」, 서울대학교 박사논문.

______, 2007, 『한국전쟁의 기억과 사진』, 한국학술정보.

노병천, 2000, 『이것이 한국전쟁이다』, 21세기 군사연구소.

대한민국국방부정훈국전사편찬위원회, 1951, 『한국전란일년지』, 대한민국국방부.

리치, 존 지음, 이진혁 · 정경아 옮김, 2010, 『컬러로 보는 한국전쟁』, 서울셀렉션.

문화공보부, 1988, 『정부수립 40년 1948~1988』, 문화공보부.
문화방송 · 경향신문, 1975, 『시련과 영광의 민족사: 눈으로 보는 광복30년사』, 경향문화출판사.
박도 엮음, 2004, 『지울 수 없는 이미지 1: 8·15해방에서 한국전쟁 종전까지』, 눈빛.
_____ 엮음, 2006, 『지울 수 없는 이미지 2: 한국전쟁에 휩싸인 사람들』, 눈빛.
박상후, 2000, 「한국의 생활주의 리얼리즘 사진에 대한 고찰: 1950년대를 중심으로」, 중앙대학교 석사논문.
박은영, 2009, 「한국전쟁 사진의 수용과 해석」, 『미술사논단』 제29호.
박찬현, 1968, 『Korea 20 Years in Pictures』, 경향신문.
박평종, 2007, 『한국사진계의 선구자들』, 눈빛.
백기인, 2005, 「6 · 25전쟁기의 전사편찬과 운영체계」, 『군사』 제56호.
커밍스, 브루스 · 존 할리데이, 1989, 차성수 · 양동주 역, 『한국전쟁의 전개과정』, 태암.
신동삼, 2013, 『신동삼 컬렉션: 독일인이 본 전후 복구기의 북한』, 눈빛.
손정목, 2005, 『한국 도시 60년의 이야기 1』, 한울.
양영조, 2007, 『한국전쟁과 동북아국가정책』, 선인.
양정심, 2011, 「한국전쟁기 미군의 전쟁범죄 조사와 처리」, 『전쟁 속의 또 다른 전쟁: 미국 문서로 본 한국전쟁과 학살』, 선인.
양주도 · 백철 · 장덕조 · 김용호 · 박계주 · 최정희 · 오제도 · 손소희 · 송지영, 1951, 『적화삼삭구인집』, 국제보도연맹.
유진오 · 모윤숙 · 이건호 · 구철회, 1950, 『고난의 90일』, 수도문화사.
육군사관학교, 2005, 『한국전쟁사 부도』(수정판), 육군사관학교.
이완범, 2001, 『삼팔선 획정의 진실』, 지식산업사.
이임하, 2011, 「한국전쟁기 부역자처벌」, 『전쟁 속의 또 다른 전쟁: 미군 문서로 본 한국전쟁과 학살』, 선인.
_____, 2013, 「한국전쟁기 유엔민간원조사령부(UNCACK)의 보건 · 위생 정책: 급성전염병을 중심으로」, 『사회와 역사』 통권 제100집.
백승진, 1958, 『건국10년사』, 산업경제신문사.
이현진, 2009, 『미국의 대한경제원조정책, 1945~1960』, 혜안.
임응식, 1999, 『내가 걸어온 한국사단: 임응식 회고록』, 눈빛.
임인식 · 임정의, 1995, 『그 때 그 모습』, 발언.
임정의 엮음, 2008, 『우리가 본 한국전쟁: 국방부 정훈국 사진대 대장의 종군 사진일기』, 눈빛.
정근식, 2010a, 「한국전쟁의 기억과 탈냉전: 한국전쟁 사진집을 중심으로」, 『창작과 비평』 통권 147호.
_____, 2010b, 「한국전쟁의 기억과 냉전, 또는 탈냉전」, 『역사적 관점에서 본 동아시아의 아이덴티티와 다양성』, 동북아역사재단.

주젠룽(周建榮) 지음, 서각수 옮김, 2005, 『모택동은 왜 한국전쟁에 개입했을까』, 역사넷.
중앙일보사 편, 1983, 『민족의 증언 1』, 중앙일보사.
중국 해방군화보사 지음, 노동환 외 옮김, 2005, 『그들이 본 한국전쟁 1: 항미원조 중국 인민지원군』, 눈빛.
지상현, 2005, 「임응식의 '생활주의 리얼리즘 사진'에 대한 재고」, 서울대학교 석사논문.
진실 · 화해를위한과거사정리위원회, 2010, 『진실화해위원회 종합보고서 III. 민간인 집단희생 사건』, 진실 · 화해를위한과거사정리위원회.
최상훈 · 찰스 핸리 · 미사 멘도자 지음, 남원준 옮김, 2003, 『노근리다리』, 잉걸.
KBS 6 · 25 40주년특별제작반, 1996, 『다큐멘터리 한국전쟁』 上 · 下, KBS 문화사업단.
한국은행 조사부, 1955, 『경제연감』, 한국은행 조사부.
한국일보사, 1982, 『사진으로 본 광복 36년』 上 · 下, 한국일보사.
히긴스, 마거릿 지음, 이현표 옮김, 2009, 『자유를 위한 희생』, 코러스.

Alexander, B., 1991, *Korea: The First War We Lost*, Hippocrene Books.
Appleman, R. E., 1961, *South to the Naktong, North to the Yalu*, Dept. of the Army.
Ashplant, T. G., G. Dawson, and M. Roper, 2000, *The Politics of War Memory and Commemoration*, Routledge.
Conway-Lanz, Sahr, 2006, *Collateral Damage: Americans, Noncombatant Immunity*, and Atrocity after World War II. Routledge.
______, 2007, "NoGunRi and Issues of Orders," 노근리평화연구소, 〈제1회 노근리 국제평화학술대회〉, 2007. 8. 1., 서울 프라자호텔.
Fiele Jr., J. A., 1962, *History of United States Naval Operations: Korea*, US Government Printing Office.
Duncan, D., 1990, *This is War:A Photo-Narrative of the Korean War*, Little Brown & Company.
Frank, R., 1996, *Die DDR und Nordkorea: Der Wiederaufbau der Stadt Hamhung in Nordkorea von 1954~1962*, Hamburg: Shaker Verlag.
Higgins, M., 1951, *War in Korea: The Report of a Woman Combat Correspondence*, Doubleday & Co.
ICRC, 2009, *Humanity in War: Frontline Photography since 1860*, Geneva: International Committee of the Red Cross.
Kang Sung Hyun and Jung Keun-Sik, 2014, "The Organization and Activities of the US Army Signal Corps Photo Unit: Perspectives of War Photography in the Early Stages of the Korean War," *Seoul Journal of Korean Studies*, Vol. 27, No. 2, Kyujanggak Institute for Korean Studies.

Korea War Crime Division, "Extract of Interim Historical Report(1950. 6. 30.)," NARA, RG 153 Entry 182, Box 2.

Osgood, K., 2006, *Total Cold War: Eisenhowers Secret Propaganda Battle at Home and Abroad*, University Press of Kansas.

Robin, R., 2001, *The Making of the Cold War Enemy: Culture and Politics in the Military-Intellectual Complex*, Princeton University Press.

Ruchatz, J., 2008, "The Photograph as Externalization and Trace," A. Erll and A. Nünning, eds., *Cultural Memory Studies*, Walter de Gruyter.

Springer, C. and B. Szalontai, 2009, *North Korea Caught in Time: Images of War and Reconstruction*, Garnet Pub.

Winter, J., 1995, *Sites of Memory, Sites of Mourning: The Great War in European Cultural History*, Cambridge University Press.

71st Sig. Svc. Bn., "Command Report(1951. 7.)," NARA, RG 407 Entry 429A, Box 5403.

高初, 2014,「吸纳, 转化, 改造: 从战争时期摄影到新中国摄影」, 讨论战时摄影与视觉文化的阅读材料, 2014. 12. 23.

高初 · 晋永權, 2015,『最前線: 中國共産黨 抗戰圖像志』, 金城出版社.

孟昭瑞, 2015,『親歷抗美援助戰爭』, 后浪出版公司.

孫洪久 · 張中勇 主編, 2000,『中國人民志愿軍抗美援朝出國作戰 50周年 凝固的歷史瞬間』, 遼寧人民出版社.

沈志華, 1995,『韓國戰爭揭秘』, 天地圖書.

______, 1999,『中蘇同盟與朝鮮戰爭硏究』, 廣西師範大學出版社.

梁秉祥 主編, 1990,『抗美援朝戰爭畫卷』, 中國文聯出版公司.

袁永生 主編, 2010,『抗美援朝 珍藏圖片集』, 四川大學出版社.

周琇環 編, 2005~2007,『戰後外交史料編: 韓戰與反共義士篇』1~3, 國史館.

太平洋戰爭硏究會, 2007,『開封された秘藏寫眞 GHQの見たニッポン』, 株式會社世界文化社.

기타

『로동신문』,『동아일보』,『조선일보』,『한겨레』,『해방일보』

Daily Worker, Fortune, Life, Londontimes, Manchester Guardian

New York Herald Tribune, Picture Post, The New York Times, Time

찾아보기

ㅈ

ㅊ

ㅌ

ㅍ

ㅎ

Historical Sociology of Korean War Photography

Focusing on the Activities of US Army Signal Corps Photo Unit

Jung Keun Sik, Kang Sung Hyun

Photography is a cultural text that visually reveals our abstract knowledge on history and society. Photography is a root ascertaining the sincerity of certain social facts, and it keeps making the past memories vivid. However, at the same time, it is an image that forces us to view them from a specific angle. That is also true to our memories on Korean War. Today, in our society, though Korean War is a 65-year old past, it is still the source of memory reproducing the power to construct the present. At the center are situated war photographs.

From a historical sociology perspective, this book explores the photographs that framed our memories on Korean War. Most of the photographs were taken by the soldiers of the photography units at the US Army which entered Korean War. Of course, there are photographs taken by the soldiers of the photography unit at Armed Forces Information and Education Division of Korea, or by civil photographers. But, the photographs by American soldiers are beyond compare in number.

This book intends not only to introduce photographs on Korean War, but also to grasp when they were taken, who took them, and what their intentions were. Through grasping the scene the photographs are showing, this book tries to understand the scene they are not showing accordingly. It also tries to correct the facts that have been abused or misused, and to provide a clearer picture on the activities of the photography units at the US Army during Korean War and of their photography soldiers.

The study on Korean War photographs, on the one hand, should encompass the context of not only production but also consumption of photographs including videos. On the other hand, only when the photographs by photography soldiers of China and North Korea as well as of the US and South Korea are finally included, will one completed knot come into view.

저자 소개

정근식

서울대학교 사회학과 교수
서울대학교 통일평화연구원장 역임
『(탈)냉전과 한국의 민주주의』(편저), 『식민지 유산, 국가형성, 한국 민주주의』 I · II(편저), 『포위된 평화, 굴절된 전쟁기억』(공저) 외 다수

강성현

성공회대학교 동아시아연구소 및 대학원 국제문화연구학과 조교수
『전쟁 속의 또 다른 전쟁』(공저), 『전장과 사람들』(공저), 「한국 사상통제기제의 역사적 형성과 보도연맹 사건, 1925~50」(박사학위논문) 외 다수

서울대학교통일학연구총서

01 **북한체제의 형성과 한반도 국제정치**
김세균 · 유홍림 · 임경훈 · 임종헌 · 신욱희 · 정재호 · 전재성 · 조동준

02 **북한 산업개발 및 남북협력방안** – 지리적 접근
박삼옥 · 허우긍 · 박기호 · 박수진

03 **탈북 가족의 적응과 심리적 통합**
이순형 · 조수철 · 김창대 · 진미정

04 **남북한 환경정책 비교연구 1** – 자연환경, 자원 및 에너지
윤여창 외 6인

05 **남북한 환경정책 비교연구 2** – 물환경, 대기, 폐기물, 도시계획
김정욱 외 4인

06 **남북통합지수, 1989~2007**
김병연 · 박명규 · 김병로 · 정은미

07 **통일한국의 어린이 영양**
이연숙 · 윤지현 · 심재은 · 장수정

08 **북미 대립** – 탈냉전 속의 냉전 대립
장달중 · 이정철 · 임수호

09 **네트워크 세계정치** – 은유에서 분석으로
하영선 · 김상배 엮음

10 **김일성사회주의청년동맹과 조선민주녀성동맹** – 사회변동과 체제유지의 기제
이온죽 · 이인정

11 **다플랫폼 다채널 시대의 통일방송**
윤석민 · 배진아 · 곽정래 · 이현우 · 채정화

24 **북한이탈주민의 종교경험**
이순형 · 최연실 · 진미정

25 **여성 북한이탈주민의 경제적 적응** – 취업, 소득, 소비
정진화 · 손상희

26 **북한의 체육과 여가**
나영일 · 현주 · 안지호 · 신영진 · 진현주 · 성제훈

27 **중국의 대북 무역과 투자** – 단둥시 현지 기업 조사
김병연 · 정승호

28 **북한주민의 질병관과 질병행태**
김석주 · 이왕재 · 박상민 · 이혜원 · 최희란

29 **북한의 수학 연구 현황 분석**
김도한 · 신정선

30 **한국전쟁 사진의 역사사회학** – 미군 사진부대의 활동을 중심으로
정근식 · 강성현

31 **통일 의료** – 남북한 보건의료 협력과 통합
신희영 · 이혜원 · 안경수 · 안형순 · 임아영 · 전지은 · 최소영